日本の「学び」と大学教育

渡部信一 著 Shinichi Watabe

ナカニシヤ出版

まえがき

平成二四年三月、中央教育審議会大学分科会大学教育部会は、学士課程教育のあり方について『予測困難な時代において生涯学び続け、主体的に考える力を育成する大学へ』と題する「審議のまとめ」を提出した。これは、文部科学大臣の諮問を受け、大学教育の質の向上、大学の機能別分化など大学教育の中長期的なあり方を検討・議論した総決算として提出されたものである。

この「審議のまとめ」では、今日のような将来が予測困難な時代にあって「若者や学生の「生涯学び続け、どんな環境においても〈答えのない問題〉に最善解を導くことができる能力」を育成することが、大学教育の直面する大きな目標となる」としている。さらに、産業界や地域が求めるのは、高度成長期には均質な人材の供給であったが、今はそれが大きく変化し「生涯学ぶ習慣や主体的に考える力を持ち、予測困難な時代の中で、どんな状況にも対応できる多様な人材である」とする。

ここには「時代は大きく変化した」という認識がある。これまでの高度成長期のように基礎的な知識をひとつひとつ積み上げてゆけば社会の中でうまくやってゆけるという常識が、今ではまったく通用しなくなった。私たちが暮らしている現在とは、明日何が起こるかまったく予測できない時代なのである。そのような時代の中でうまくやっていくためには、「どんな環境においても〈答えのない問題〉に最善解を導くことができる能力」「どんな状況にも対応できる多様な人材」が必要であり、大学教育にもそれが求められているということである。

しかしそれでは、今までの大学教育はそのような能力を学生に対し育成してこなかったのか。「審議のまとめ」の中には、しばしば大学教育の「質的転換」という表現が出てくる。例えば、「学生の思考力や表現力を引き出し、その知性を鍛え、課題の発見や具体化からその解決へと向かう力の基礎を身につけることを目指す能動的な授業を中心とした教育が保証されるよう、質的に転換する必要がある」とし、「大学には、その転換に早急に取り組む責務がある」としている。

さて、それではここで求められている質の高い大学教育とは、具体的にどのようなものか。「審議のまとめ」の中からその例を拾ってみると、「実習や体験活動などを伴う質の高い効果的な教育によって知的な基礎に裏付けられた技術や技能を身に付けること」「教員と学生とが意思疎通を図りつつ、学生同士が切磋琢磨し、相互に刺激を与えながら知的に成長する課題解決型の能動的学修（アクティブ・ラーニング）」「学生の思考力や表現力を引き出し、その知性を鍛える双方向の講義、演習、実験、実習や実技等の授業を中心とした教育」などがあげられている。これまでの教員が学生に向かって一方的に専門知識を伝達するという方式の講義から、学生も講義に能動的に参加し「主体的に学ぶ」ような講義への質的変換が求められているのである。

学生自身の「主体的な学び」という点に着目すれば、「審議のまとめ」では学期中の一日当たりの総学修時間は八時間程度と想定されているが、実際の学修時間は一日四・六時間という調査結果を根拠に、学生の学修時間が大変不足しているとの認識を示している。そのうえで、「授業時間にとどまらず授業のための事前の準備や事後の展開などの主体的な学びに要する時間を含め、十分な総学修時間の確保を促すことが重要である」とする。具体的には、「資料の下調べや読書、思考などの授業のための事前の準備、あるいは授業内容の確認や理解の深化のための探究などの事後の展開などは、大学における学修の本質である主体的な学びそのものであり、これらの学修のために時間をかけることが学士課程教育の質的転換に不可欠である」としている。

そして最後に、「各大学は質を伴った学修時間の実質的な増加・確保を始点として学士課程教育の質的転換に直ちに取り組むことを提言し、また、関係機関はそれを支援・奨励する必要がある」ことを提言している。


さて、私は本書で「予測困難な時代において生涯学び続け、主体的に考える力を育成する大学へ」と大きな変革を推進するためのひとつの本質的な視点として、大学教育に日本の「学び」を取り入れることを提案したい。本論に入る前に、その理由を簡単に示しておこう。

私はこれまで、認知科学という立場から様々な現場における「学び」について検討を続けてきた。認知科学は一九八〇年代から盛んになった文理融合型の学問領域であり、特に人間の知的活動を探求しようとする。そのひとつとして「学び」に関する探求も大きなテーマとなっており、心理学とコンピュータ科学を中心として哲学、教育学、言語学、脳科学など様々な立場の研究者が他の研究領域との交流を通して文理融合型の研究を進めてきた（渡部 二〇一〇）。

私はこのような認知科学の立場からこれまで、脳損傷者（特に、失語症者）の言語リハビリテーション、自閉症児に対する教育、インターネットを活用した子育て支援（ネット・カウンセリング）、伝統芸能継承における師弟関係、そしてeラーニングによる大学教育などを研究対象とし、それぞれの「学び」に着目し検討を重ねてきた。その中で共通して明らかになってきたことは、近代教育が標榜してきた「きちんとした知をきちんと教える」という「教え込み型の教育」は現代社会において限界にきているという点である。そして、その代わりに見えてきたのは、認知科学が再発見し研究対象として改めて研究の土俵にあげた古典的な「学び」や日本の「学び」であった。

そこで本書では、特に日本の「学び」に着目することにより、これまで近代教育の枠組みを重視してきた大学教育の中にいかにして日本の「学び」をブレンドできるのか検討してゆく。

ところで、認知科学が古典的な「学び」に着目したのにはひとつの大きな理由がある。逆説的ではあるが、認知科学はコンピュータの発展と密接に関係しており、そのため「時代性」というものに対して非常に敏感にならざるを得ない。それが必然的に、「古典」の再検討にもつながってゆくのである。

古典的な「学び」や日本の「学び」に関しては本論の中で詳しく紹介してゆくが、ここでは私が現在の「時代性」をどのように捉えているのかという点についてだけ示しておく。結論を先取りすれば、私は現在の「時代性」を、グローバル時代、予測困難な時代（混迷する時代）、そしてデジタル時代という三つの特質から捉えている。

第一に、今がグローバルな時代であることは誰しもが認めるところであろう。戦後の日本はアメリカをひとつのモデルとした高度成長期にあり、日本の大学も世界との競争を強く意識しながら発展してきた。逆の見方をすれば、日本は明治維新の「文明開化」により、それまでの千数百年という長い時間をかけて醸成してきた日本文化、日本の「知」、そして日本の「学び」をいとも簡単に捨て去ってしまった。そして、西洋的な近代教育を受け入れ発展してきた。そこでは「発展・競争・効率」を重視するという価値観に基づき、実際に高度経済成長や工業立国としての発展に呼応した「学校教育」がある意味で成功をおさめてきた。

しかし現在、日本は大きな転換期にある。様々な社会変化の中で、私たちはこれまで求めてきた「発展・競争・効率」という価値観に疑いをもち始め、これまでの「幸せ」に対する価値観が大きく揺らいでいる。そして、人々は「これまでの政治、経済、そして教育は何か間違っていたのではないのだろうか?」という疑問をもち始めている。

そこで、認知科学が再発見し研究対象として改めて研究の土俵にあげた古典的な「学び」や日本の「学び」が、このような状況からのパラダイム・シフトにとって重要になると考える。

第二に、現在は将来が「予測困難な時代」である。「混迷する時代」と言い換えることもできる。二〇世紀末から二一世紀にかけて、それまで順調に見えた社会システムにおいて様々な歪みが急速に表面化してきた。これまで右肩上がりだった経済的豊かさが崩壊し、企業の雇用形態にも大きな変化が認められる。複雑化する社会システムのなかで人々のストレスは限界にまで達し、様々な悲惨な事件が起こっている。深刻なことには、一〇年以上にもわたり自殺者の数が三万人を超えている。さらに、このような日本社会に、東日本大震災や原子力発電所の事故が追い打ちをかける。

そこで「認知科学」である。多くの人は驚くかもしれないが、認知科学はすでに一九八〇年代「私たちの日常生活は予想以上に複雑であいまいである」ということに気づき、その解決法の探求を研究対象としてきた。日常という複雑な環境のなかでは「予測不可能」な出来事が頻繁に起こるが、近代科学の力ではそのような事態にはまったく対処できない。近代科学の「知」では「きちんと条件がコントロールされた環境」、つまり「実験室」のなかでうまく機能することを前提にしていたのである。認知科学はそのことを私たちに気づかせてくれたと同時に、その解決の方向性も示している。

第三の「デジタル時代」であるが、現在、コンピュータやインターネットは人類にとって「空気のような存在」になった。これらを活用すれば、世界中の知識や情報が瞬時に手に入る。大学教育においても、ｅラーニングに代表されるＩＣＴ（情報通信技術）の教育活用が盛んになっている。このことは、学習者の学習スタイルにも変化をもたらし、「学び」そのものの質的変化をもたらす。ｅラーニングがこのまま普及してゆけば、教室やキャンパスをもたない大学も増えてゆくことだろう。そのような時代において「もう大学自体いらないのではないか」という議論すら現実になされている。そのようなデジタル時代の中で、大学がはたすべき役割とは何か？　もし「大学教育はｅラーニングだけで十分」ということになれば、それは「大学の死」を意味することになる。

本書では、一九八〇年代以降、人間の「学び」を探求してきた認知科学を基礎に据えた上で、日本の大学教育について検討してゆこうと思う。

目次

目　次

第1章　「大学の死」は現実になるか

はじめに

◉一六世紀・大学存続危機の前例

現在、日本の大学は存続の危機に直面している。しかし、これは大学の歴史が始まって以来、初めてのことではない。一五世紀から一六世紀にかけて、ヨーロッパの大学は存続の危機を経験している。それは、一五世紀に起こったグーテンベルクによる印刷技術の発明に端を発する危機であった。それは、以下のような背景によって生じた。

印刷技術が発明されるまで、メディアと大学教育との関係は良好であった。文字の発明以前、人間の声が唯一のメディアであった頃の教育は、教師から弟子への口伝えが中心であった。弟子は教師の話す一言一句を聞き逃すまいと真剣に聞き耳を立て、それをひたすら暗記していた。そして、それが弟子にとっては「学ぶこと」そのものだった。

文字の発明は、人類の「学ぶ」という行為にとって最も大きな変革のひとつだった。これまでは必死になって記憶していた教師の講義を、弟子は文字によってノートに記録して残すことが可能になった。また、その書いた文字を集めることにより書籍としてひとつにまとめ「学び」のためのテキストにすることが可能となった。さらに、一冊のテキストは、多くの弟子たちによって書き写されコミュニティの中に広まっていった。いわゆる「写本の時代」である。写本はそのコミュニティにとって大変大切な存在であり、コミュニティの権威付けにも重要であった。

そのような流れの中で一五世紀、グーテンベルクによって印刷技術が発明される。印刷技術は「学び」の大衆化にとって強力な道具になった。それまでは特権階級の人のみが享受していた「学ぶ」という行為を、誰しもが比較的容易に実現できるようになったのである。そのことは同時に、それまでの特権階級による大学教育の崩壊、そして大学存続の危機をも意味していた。印刷技術の発明はその後、出版産業を勃興させ書店や読書の文化を人々の間に普及させた。それはすなわち、知識の生産や知識の流通が大学からその外部へと決定的に変化したことを意味している。

吉見によれば、「この時代の大学に欠けていたのは、出版流通を基盤とする新しいメディア状況、そこにおける新たな知識創成への敏感な対応である。この敏感さを備えていたのは大学人ではなく、むしろルネサンスの人文主義者から啓蒙期のエンサイクロペディストまでの、民間の知識人や芸術家たちであった」。そして吉見は、このような「大学は知識生産の前線ではすっかりなくなっていった」状況を、「大学の死」と表現している（吉見二〇一一）。

この時と同じような状況が、現在起ころうとしている。コンピュータやインターネットの普及、そして社会の大きな変革のなかで私たちが今直面しているのは、印刷技術が大学教育の根底を揺るがし始めた一六世紀にも似た状況なのである。

日本の大学教育史

◉戦前・戦後の大学教育史

戦後の大学教育は、欧米が作り上げてきた近代教育を手本として発展してきた。そこでは、高度成長期にあった日本における「発展・競争・効率」を重視するという価値観がそのまま大学教育にまで強い影響を及ぼしてきた。ここではまず、このような近代教育の枠組みを強く意識しながら、明治以降、日本の大学がどのような変化をたどってきたのかを概観しておこう。

第二次世界大戦以前、つまり明治維新の「文明開化」から戦争に突入するまでは、日本には非常に複雑な教育システムがあった。制度的に見れば、一八七二年（明治六年）の大学区分制定、一八八六年（明治一九年）の帝国大学令発布が近代高等教育の幕開けと言うことができる。この頃、日本の大学はヨーロッパの大学における高度な職業準備教育の伝統を受け継いだものであったが、このような大学教育は明治政府の中央集権と富国強兵に大いに貢献するものであった。

明治末期から大正期にかけては、ドイツ留学経験者を介して「フンボルト理念」を導入したが、これにより「研究と教育の統合」および「真理探究による人格の陶冶という理念」を基にした大学教育が発展した。この頃は「帝国大学」「大学」の他、「専門学校」「師範学校」「旧制高校」など形態の異なる高等教育機関が複雑に存在しており、数的には単科の専門学校が多数派であった。

第二次世界大戦後、日本の大学教育はアメリカの大学教育から大きな影響を受けながら発展してゆくことになる。戦後から現在までの約七〇年間を大学改革という視点で概観すれば、三つの時期に分けてまとめることがその理解を助けてくれるだろう。つまり、一九四五年から一九五二年までのいわゆる「アメリカによる占領期」、一九六〇年代からその後一九八〇年代までの「大学紛争期とその後」、そして一九九〇年代以降の「新たな大学改革期」の三期である。

まず第一期の一九四五年から一九五二年まで、第二次世界大戦後のいわゆる「アメリカによる占領期」における改革の最大の特徴は、それまでの様々な高等教育機関が「総合大学」へ一元化されてゆくことであった。一九四五年の敗戦時、総合的な教育を旨とする高等教育機関は四九校（国立一九校、公立二校、私立二八校）であったが、占領改革のなかで一九四九年に新制大学が発足すると一挙に「大学」に一元化される。帝国大学、その他の国公立大学、そして私立大学も同じ総合大学となり、旧制高校の多くは国立大学の教養課程に組み込まれていった。さらに、地方の官立系高等教育機関については「一県一大学」という原則が立てられ、専門学校、高等学校、師範学校等は統合され、国立大学として一元化された。その結果、一九四九年時点での大学の数は、一八〇校（国立七〇校、公立一八校、私立九二校）、さらに一九五三年には二二六校（国立七二校、公立三四校、私立一二〇校）に増えた。

この時期の日本の大学教育は基本的に、欧米の大学教育をひとつのモデルとして、それを模倣する形で発展してきた。

◉一九六〇年代の大学紛争期とその後

このような日本の大学体制に対し反旗を翻したのは、一九六〇年代後半の大学生自身であった。彼らは一九四五年以降の数年間に生まれたいわゆる「第一次ベビーブーム世代」であった。彼らが厳しい受験戦争を経て大学に入ってみると、そこにあったのは高度成長に同調して事業拡大路線をひた走る私立大学の利益第一主義と、太平洋戦争期に由来する理工系の研究体制、さらには古い伝統から抜け出そうとしない国立大学におけるアカデミズムの権威主義であった。吉見によれば、「国家的な科学技術政策やそれを支える官僚、大学、学会、そこで専門的な研究に従事する研究者や技術者のネットワークは戦時期から高度成長期まで連続的に維持された。高度成長期の理系中心の大拡張は、決して一九五〇年代になって突如として始まったものではなく、むしろ総力戦体制の中で始まった流れが大規模化していったものと見るべきである（吉見二〇一一）」。

戦後の経済復興への動きの中で一九五〇年代半ば、産業界から理工系人材の養成にさらに強い要望がなされるようになる。これを受けて文部省は一九五七年、長期経済計画に関連して理工系学生八〇〇〇人の増募計画を実施する。さらに文部省は一九六〇年代の所得倍増政策の中で、理工系学生二万人の増募計画の実施を決め、わずか三年でこの目標を達成する。一九四五年以降の数年間に生まれたベビーブーム世代の多くは、国立大学の理工系学部に入学した。国立の総合大学では工学系中心の拡大が進んだのに対し全国の国立大学で総学生数・教員数は以前のまま据え置かれたので、結果的に国立大は「国立工科大学」になったと揶揄される状態になった。

一方、私立大学はいったん大学・学部の設置許可さえ受けてしまえば、その後は自由に学科拡充や定員増加ができるようになった。これは、新制大学の教育の質の維持、向上という観点からするならば破滅的な選択であった。

吉見によれば、私立大学に関して「大学紛争を俯瞰するなら、学生たちの方が大学で学ぶこと、そこで何かをすることを求めており、大学経営陣の方が事業を「高度成長」させることに夢中だった」。例えば、早稲田大学や日本大学で学生運動を生じさせた最大の要因は、戦後の私立大学が向かった利益第一主義、過度の学生増による教育の劣化であったという。つまり「私大の場合には「新しさ」が、国立大の場合には「古さ」が糾弾されるべき問題の核心にあり、私大の学生たちは大学がその原点に戻ることを、東大の学生たちはそのような古い体質そのものを粉砕することを求めた（吉見二〇一二）」のである。

一九六〇年代後半に起こった学生運動は、安田講堂での籠城戦の後、学生セクト間の内ゲバが激化し、陰惨な連合赤軍事件に至る。しかしその後、そのような運動は急速に沈静化し、一九七〇年代半ばには「平穏な大学」が戻ってくる。

私が大学に入学した一九七七年、昼休みになるとヘルメットをかぶり顔をタオルで隠した先輩学生がキャンパス内をデモ行進するのをしばしば見かけた。しかし、「新人類」と称された私たち世代の学生は、それは「ほんの一握りの先輩が行っているクラブ活動」くらいの感覚で基本的には無関心だった。

結局、学生運動で問題とされた国立大学の理系中心の拡張、私大の事業拡大路線はその後も変わりなく続いた。そこでは相変わらず高度成長に呼応したように「発展・競争・効率」を重視する価値観を基礎とした大学教育が行われ、日本の大学としてどのような「学び」を目指してゆくのかということに関する議論の余地はほとんどなかった。それはつまり、良質な「学び」を生みだすための大学教育の放棄、そして結局は「教育の質」に対する無関心に他ならなかったのである。

◉一九九〇年代以降の大学改革

大学紛争後の「平穏な時代」から何となく再び慌ただしいと感じるような変化が大学内に現れてきたのは、一九九〇年代である。大学設置基準大綱化の結果生じた教養教育の崩壊と大学院重点化、国立大学の法人化による研究環境の悪化と若手研究者ポストの不安定化、少子化による全入時代の到来、グローバル化による留学生の急増など大波が一気に押し寄せた。

特に一九九〇年代以降、大学に入りたい若者の需要と大学数のバランスが崩れてきたことは、多くの大学に存続の危機をもたらしている。この点について、もう少し詳しく見てみよう。まず、大学進学率の上昇である。一九八〇年代に三〇％台だった大学進学率は一九九五年に四〇％、二〇〇〇年に四七％、二〇〇五年には五〇％を突破する。さらに、大学院生の激増、留学生の増加などの要因が加わり、一九九〇年代以降、日本の大学在籍者数は増え続けていった。

これに連動して、大学の数も増え続けた。敗戦時わずか四八校にすぎなかった日本の大学数は、一九六五年に三〇〇校、一九七五年に四〇〇校を超える。一九四五年以降の数年間に生まれた「第一次ベビーブーム世代」が大学に入学するのが一九六〇年代半ば、そして彼らの子ども、いわゆる「団塊ジュニア世代」が大学に入学するのが一九八〇年代半ば以降となる。それに合わせたかのように、大学数は一九九〇年に五〇七校、一九九五年に五六五校、二〇〇〇年に六四九校、二〇〇五年には七二六校と増え続ける。

一九九〇年代以降、大学に入りたい若者の需要と日本の大学数のバランスが崩れてきた。この頃から、大学は必死になって学生の獲得に奔走することになり、新聞や駅のホームに学生募集のポスターを多く見かけるようになる。また、学生が好みそうな学部や学科の新設や従来の組織からの改編が相次ぐようになった。

ちなみに、海外の大学の状況を見てみると、特記すべきは中国や韓国など一九八〇年代以降急成長した国々の高学歴化による大学数の激増である。一九七〇年の時点における最大多数は北米および西欧の大学生で世界の全学生数における四八％を占めていたのが二〇〇七年までに二三％と減り続け、反対に東アジアおよび太平洋諸国の大学生数は、一九七〇年の一四％から二〇〇七年には三一％と最多数にのし上がっている。

このような状況の激変に対して、多くの大学で様々な試みが始まっている。例えば、各大学独自に授業評価を実施し、「わかりやすい講義」や「面白い講義」が現場で教える大学教員ひとり一人に求められるようになった。二〇〇八年度から開始された「ＦＤ（ファカルティ・ディベロップメント）実施の義務化」はその傾向を加速させ、各大学が教育環境や教育制度の見直し、新しいカリキュラム・プログラムの開発、そして教員個々が行う講義の改善に目を向け始めている。また、ｅラーニングに代表される最先端のテクノロジーを活用した効果的な大学教育が急速に普及し、学会や講演会などではその「ハウツー」開発・普及が人気テーマのひとつになっている。

私が大学教員になったのは一九八七年であるが、その頃はほとんどこの種の議論は行われていなかったように記憶している。FDという言葉を耳にするようになったのもここ一〇年程のことだし、私自身が大学改革を強く意識するようになったのも最近である。現在は、当時とは比較にならないほど「大学教育」に関する多くの議論がなされている。そして、「大学教育」に関する多くの研究会や研修会、シンポジウムやワークショップが開催されている。

しかし未だ、目に見えた形での効果は現れていない。それどころか国の財政悪化、止まらない教育現場での様々なトラブルなど大学を取り巻く環境はさらに深刻になっている。このままでは、多くの大学が「死」を迎えることになるだろう。

以下で私は、「大学の死」を回避するために、ひとつのパラダイム・シフトを提案したいと思う。

◉近代教育的パラダイム

以上、簡単に明治維新から約一五〇年にわたる大学の変遷を概観した。大きく見れば、文明開化以来、日本の大学は発展の一途をたどってきたということができるだろう。しかし、私自身がこの流れの中で最も興味深いと感じることは、大学を取り巻く状況や大学自体の形態は様々変化したものの、その「教育」は一貫して西洋的・近代的な教育の考え方を本質としてきたという点である。つまり、「発展・競争・効率」の重視という価値観は、明治維新以来、日本の高度成長期の中で唯一の、そして確かなものとして私たちの間に根付いてきた。高度成長期における社会の目標は、「発展：給料が増えること、物質的に豊かになること、移動が速くなること、そして生活すべてにおいて便利になること」であった。そのために私たちは日々「競争：他の人との競争、他の会社との競争、他の大学との競争、他の国との競争」に心身をすり減らしながらがんばってきた。しかし、人間の力と時間には限界がある。だからこそ、短時間で多くの知識や情報を獲得するために「効率よく学習すること」が大切になる。

「発展・競争・効率」重視という価値観は、学習研究の発展によっても支持されてきた。例えば、二〇世紀前半期に最盛を極めた「行動科学（行動主義心理学）」は、個々の能力を短時間で効率よく発達させるための学習理論を生みだした。また、二〇世紀後半期に最盛を極めた「認知心理学」は、人間の脳をコンピュータとダブらせて考えるという新たなアイディアを生みだし、「きちんとした知識を脳の中に（コンピュータの中に）効率よく蓄積してゆくにはどうしたらよいか？」を主な研究テーマとしてきた。そして、「様々な知識は頭の中でどのように蓄積されているのか」ということや「少しでも効率的に少しでも多くの知識を頭の中に蓄積するためにはどのような教育、あるいは学習が必要なのか」ということが明らかにされた。その結果として、「賢い人とは脳の中に多くの知識が蓄積されている人、そして必要なときに効率よく脳の中の知識を検索し取り出すことのできる人」というイメージがいつしか私たちに定着した。さらに、「世の中には必ず正しい知識あるいは正解というものが存在する」「正しい知識を簡単なものから複雑なものへ、ひとつひとつ系統的に積み重ねてゆく」という教育が、何の疑いもなく学校教育に採用されてきた。教師は「正しいとされる知識」をできるだけ短時間で効率よく子どもたちに「教え込む」ことにより、多くの「時代にとって（大人にとって）優秀な子どもたち」を生産してきた。さらに、大学受験がこれらが正しいことを保証した。つまり、「良い大学」に入ることが「善」であったのである。

このような「教育」は、二〇世紀の工業社会にとっても好都合だった。短時間で効率よく良い製品をできるだけ多く作り出すことを求めるという工業社会の考え方がそのまま「教育」にも当てはめられ、「学校」は「人作り工場」となった。そして、このような状況は経済至上主義や科学技術信仰という現代社会のなかで発展してきた(1)。

しかし今、私たちの目の前にあるのは「死」に瀕している多くの大学である。私たちはこの非常事態を避けるために何をすべきなのか？　本書では、そのヒントを日本の「知」、日本の「学び」に求めていく。

日本の「知」、日本の「学び」

◉日本の母親は「しみ込み型」育児

ここに、本書が議論の糸口とするひとつの研究がある。教育心理学者・東洋《あずまひろし》のグループが行った一連の研究である。

東のグループは、一九七〇年代に約一〇年間にわたって日本とアメリカの母親の育児態度に関する詳細な比較調査を実施した。その結果、アメリカの母親が「教え込み型」育児だったのに対し、

(1) 学習研究の発展に関しては拙著『ロボット化する子どもたち』(大修館書店二〇〇五)を参照のこと。

日本の母親は「しみ込み型」育児であることを明らかにしている（東 一九九四）。

まず東は、日本とアメリカの母親に対する面接調査の中で「お子さんに文字を教えるためにどんなことをしましたか」という質問をした。すると、子どもの文字能力はほぼ同レベルだったが、日米の母親でその回答には大きな違いがあったと言う。アメリカの母親は自分がやった意図的な試みを具体的に答えたのに対し、日本の母親では「別に教えませんでした」という反応がほとんどだった。その回答を受けて「ではどうしてお子さんは字が読めるようになったのですか」と問うと、大半の答えが「自然に」というものだった。

次に、「形の名前を教えましたか」「数を数えることを教えましたか」という質問をした結果、「教えなかった」という回答が日本の母親のほうが明らかに多いという結果であった。しかし、子どもが示したそれらの能力には、日米でほとんど差はなかったと言う。

さらに東は、四歳の子どもをもつ日米の母親に対し、実験的に子どもに対する対応の違いを明らかにしている。まず母親に、たくさんの積み木を一定の法則に従って特定の形や特徴の組み合わせで分類する作業を覚えてもらい、その後それを子どもに教えることを要求した（例えば、○印で長いのはここ、×印で短いのはあそこ……）。その結果、アメリカの母親は言葉によって分類の要素を一つひとつ子どもに教え、それを子どもに言葉で確認しながら教えていくという、言葉による分析的で組織的な教え方だった。一方、日本の母親は、言葉で教えるよりは、まず母親みずからが子どもの目の前でやってみせ、次にそのとおり子どもにやらせてみる。できないとまた母親が自分でやってみせて子どもに挑戦させ、その過程を繰り返すという方法が一般的であった。しかし、子どもが示した正答率や正答するまでの時間に日米で差はなかった。

このような一連の調査や実験の結果から、東は次のように結論づけている。アメリカの母親は言葉で表現して分析してわからせる教え方、知識をもっている母親が権威をもって子どもにその知識を伝授するというやり方、つまり「教え込み型」の育児を行っている。それに対し日本の母親は、模範をやってみせることで子どもにどうしたらよいか見つけさせるのが一般的である。権威をもって子どもの前に立ち知識を伝授するというのではなく、できてほしいという母親の「思い」を子どもにしみ込ませ、子どもはそれを原動力に一生懸命がんばるという、つまり「しみ込み型」の育児を行っていたということである。

「しみ込み型」の方略をとる日本の母親は、アメリカの母親に比べて、就学前の子どもにとりたてて意図的に教えることはしない。文字や数を直接教えることは避け、もっぱらよい環境を子どもに与えることにこまやかな配慮をする。子どもはとりたてて教えなくても環境から学ぶものだし、まわりの人々の真似をしたりおとなに対し質問攻めにしたりして知識を取り込むもの、と考えるのである。これが日本の「しみ込み型」の教育を支えている学習観であると、東は指摘する。

◉教育における「教え込み型」と「しみ込み型」

さらに東は、教育にも「教え込み型」と「しみ込み型」があり、それぞれその基本的な考え方から具体的な方略まで大きな違いがあることを指摘する（東 一九九四）。

「教え込み型」教育の典型は近代以後に始まった学校教育であり、基本的に学習者は教えられることによって学習するという前提に立つ。教える者と教えられる者とが向き合っての意図的な教授である。そこでは「教える者」（教師）と「教えられる者」（学習者）の役割がはっきり分かれて存在することが前提になる。教える者はそこで必要とされる知識や技能をもっており、また教えるためのカリキュラムをもっている。教えられる者はその知識や技能をもっていないので、それを獲得することを必要としている。その落差が両者の間に権威と受容の関係を生むとする。

これに対して「しみ込み型の学び」は、模倣および環境のもつ教育作用に依存する。環境が整っていてよいモデルがあれば人間は「自然に」学ぶ、という前提に立つ。ここでいう環境は、物の環境も含むけれども、より重要なのは人の環境である。周囲の人と一緒にいろいろな活動をしているうちに、その人のもっている知識や技能や考えについても自然に学んでしまう。「門前の小僧習わぬ経を読む」の類である。

「しみ込み型」においては、教える者と学ぶ者の役割分化があいまいである。技量や習熟度の差はあり、模倣される側とする側の分化はあるにしても、同じ仕事に取り組んでいる。カリキュラムを定め実施する者とそれを受ける者というはっきりした権威の落差がない。言葉による伝達が少なく、教師からは短い評価と質問に対する応答が送られるにすぎない。そのかわり教師は学習者と同じ環境で行動し、積極的な模倣を促す。

こういう教え方が成立するためには、教える者と学ぶ者の両者を隔てる距離が小さくなければならない。また「学び」は、学習を目的にした活動のみによってではなく、生活の中で生じる。学習者が自分の興味や生活的な必要によって行う自発的な活動の中での偶然学習や試行錯誤と、尊敬や愛情の対象となる親や教師や先輩のやり方を身につけようとする模倣と、それを何回も繰り返してそれに習熟する努力とが、「しみ込み型の学び」を担うのである。

ただ、そのような教育作用をもつ環境がまったく自然発生のままにまかされているわけではない。例えば、内弟子をもった師匠は、内弟子が芸を盗みやすいように環境を設定するだろう。親の場合でも、例えば子どもとどういう活動を一緒にするか、あるいはどういう種類の本を与えるかなどについて計画することにより教える者が環境をコントロールし、ひいては「しみ込み型の学び」がどのように起こるかをコントロールすることは少なくない。しかし、「教え込み」におけるように、学習者の活動を直接コントロールすることはしない。教え手の仕事は環境を組織し、その教育的な作用を活性化し、その中での活動のモデルとして自らを提供するのにとどまる。

東は、「教え込み」を避けようとする傾向は昔から日本的な思想の中にあったのではないかと考え、一四世紀に能楽で活躍した世阿弥にまでさかのぼり検討している。世阿弥の書いた『花伝書』には、能楽の跡継ぎを育てる心得として、「幼いときは教えようとするな、自然に真似を始めるのを待て。真似を始めても、うまいとか下手とかと評価するな。ただよく見て、どの方向に伸びようとしているか見定めよ」という意味のことが書いてある。もちろん幼児期は生涯のうちでももっとも活発に「学び」が起こる時期であるが、子どもはとりたてて教えなくても環境から学ぶものだし、まわりの人々の真似をしたり質問攻めにしたりして知識を取り込む。これを活用しようというのが世阿弥にも現れた社会化方略だったのではないだろうか、と東は述べている（東 一九九四）。

◉貝原益軒の教育論

辻本は、東が「しみ込み型」とよんだ教育モデルが日本のほとんどあらゆる伝統的な学びの場において教育や学習の原理として生きていたとしている（辻本 一九九九）。そして、ひとつの例として、江戸時代の学びの場である「手習塾」（いわゆる寺子屋）や藩校における儒学学習の課程や方法を詳細に検討している。特に、辻本は貝原益軒の教育論に着目し、このような教育思想が日本の伝統社会のなかから生成されてきたことを明らかにしている。

辻本によれば、益軒は素読の効用を強調してやまなかった。心を集中して書の文字を見て、繰り返し口に唱えることでテキストを「自然に覚えて」いく。心や眼や口などといった身体の多くの器官を動員して「読書」行為がなされる。その意味で素読とは、経書テキストをまるごとみずからのからだの内部に獲得し、「身体化」する過程であるといってもよい。俗にいう「身体で覚える」ということに相当すると言う。

素読を通じて「身体化されたテキスト」は、それ自体で直ちに実用の役に立つような知識ではない。しかし、やがて実践的な体験を重ねるうちに、それらのさまざまな場面のうちに新たなリアリティをもって実感され、よみがえってくる。いわば具体的な実践の場において実感的にテキストの意味が理解され、かつそれが道徳的な実践主体として、人としての生き方のうちに具体化されて示されるようなものである。経書というテキストの「身体化」によって獲得される「儒学の知」とはこのような性質をもっていた、と辻本は理解する。

まったく同様に、幼児は自己をとりまくあらゆるもの、特にもっとも身近な保育者を見習い聞き習いして、それを真似ていくものである。真似て「習い馴れて」いったもの、それが子どもの心の「あるじ」となっていく。そして、「模倣」と「習熟」によって心の「あるじ」となってしまったものは、生まれついた「性」と変わらないものになると言うのである。つまり、明らかに無自覚のうちになされる「模倣」と「習熟」の過程こそ人間形成のもっとも重要な契機であると、益軒は考えていた。

ここで重要なのは、益軒が「教える」とは何事かを積極的に教え込むことではなく実際にはよくないことを「戒める」ということによってなされるのだ、と考えていたということである。「教える」というのは、今日考えられているようなおとなが子どもに一定のカリキュラムにしたがって体系的・積極的に「教え込む」ことではない。子どもの「学び」は外部から教えが強要するものではなく、子どもがみずからの力、五感を動員してまわりの人々や環境を「見習い聞き習い」しながら様々な活動を繰り返し、たえず学ぶことによって成立している。ここでは、子どもがみずからの活動によって自力で学んでいるということ、そのことがまず何よりの大前提になっている。そのうえで、子どもがあるべき規範を逸脱しはみ出した場合に、それを見逃さず指摘し厳しく戒めること、これが益軒のいう「教える」ということなのである。つまり、むしろ「教えない」あるいは「教え込むということをしない」教育といった方がよいとしている。

辻本は、このような日本の伝統的な「学び」への認識が「少なくとも今の学校や教育に対する見方を確実に豊かにするはず」と述べている（辻本 一九九九）。

◉「よいかげんな知」とは何か

「しみ込み型の学び」により、どのような「知」がしみ込んでくるのかと言えば、それは「よいかげんな知」である（渡部 二〇〇五）。

日本の民俗芸能や伝統芸能の世界、そして日本文化の世界には「良い加減（場合によっては「善い加減」や「好い加減」）」と表現されるような「知」が存在している。「いい加減」ではなく「良い加減」である。それはまた、「あんばい」や「目分量」という言葉とも類似した意味をもつ。このような感覚は、昔の日本では日常生活の中にあふれていた。お母さんが料理をするとき、計量カップなどを使用することはほとんどなかった。ほとんどが目分量でみそや醤油を鍋の中に加えていた。それでも、できあがった料理には「微妙なうまみ」がでていた。また、風呂を沸かすときにも、現在のように「設定温度」などなかった。適当にまきをくべ、適当に時間を見ていた。それでも、風呂にはいるときにはちょうど良い「湯加減」になっていた。

現在では、これらの設定はすべてコンピュータがやってくれる。炊きあがりの時間だけ設定すれば、希望した時間にはふっくらと炊けたご飯ができている。「始めちょろちょろ中ぱっぱ……」は、すべてコンピュータがやってくれる。また、時間と希望の温度を設定しておけば、入りたいときに風呂が沸く。しかし、その便利さと引き替えに、私たちは良い加減、目分量、あんばいなどをうまくこなす能力を失ってしまった。それが、最近の悲惨な事件の頻発につながっている。昔も「不良」や「いじめっ子」はたくさんいたが、大きな事件にまで発展することはほとんどなかった。それは、彼らが「手加減」することを知っていたからである。しかし、現代の子どもたちはそれを知らない。

限度がわからずとことんやってしまい、そして悲惨な事件にまで至る。また、近代の教育は、つねに正確な数値で回答することを要求してきた。教師が求める回答は、多くの場合ひとつである。そして、出された回答は正しいか間違っているか、必ずそのどちらかである。そこには「良い加減さ」がほとんどない。

良い加減、目分量、あんばいなどの能力は、様々な状況との関係から生み出される。様々な状況と相互作用する中で最終的に出るだろう結果を予測し、その都度その都度の決定を意識的、あるいは無意識にくだす。それは多くの場合、「頭で考える」というよりは「身体が自然に動く」ものである。このような能力こそ、瞬時の判断が要求される時代には必要不可欠であろう。つまり私は、二一世紀の高度情報化社会にこそ、良い加減、目分量、あんばいなどの能力が必要なのではないかと考えている。

「きちんとした知」と「よいかげんな知」の関係について、本書ではとりあえず、次のように定義することから検討を始めたい。

「よいかげんな知」＝「きちんとした知」＋α

ここで重要なことは、「よいかげんな知」はいわゆる「いいかげん」なものではなく「きちんとした知」を基本として成り立っているという点である。

この場合、「きちんとした知」はネット検索により簡単に獲得することができるという点は今の時代の特徴である。そして、ここで重要なのはこの「α」が具体的にはどのようなものかという点なのだが、これについては本書全体を通して徐々に検討してゆきたい。

むすびにかえて

◉日常の「役立つ」に根ざした講義

「良い講義」とは、どのような講義なのだろう？　この疑問に対する回答としてしばしば耳にするのは、良い講義とは「学生にとってわかりやすい講義」というものである。大学の講義は、わかりやすく面白い必要がある。

さらに現代社会では、できるだけ多くの情報をできるだけ短時間で効率よく学ぶことができる講義が「良い講義」とされたりもする。したがって、最近盛んに実施されている「ＦＤ　大学教員教育」でも、しばしば「わかりやすくて面白い講義」に関するノウハウについて大学教員自身が講義を受けている。さらに、そのような意味でもｅラーニングは、私たちが気軽に、そしてスピーディに「学ぶ」ことを可能にした画期的な学習スタイルである。何かわからないこと、知りたいことがあった場合にはコンピュータで検索し、Ｗｅｂ上にある情報を集めて学ぶ。「知りたい」と思ったらすぐに調べ、すぐに知ることができる。

しかし、次のような場合を考えてみよう。例えば、「カンガルーについて知りたい」というとき、インターネットで調べて知る場合と、実際にオーストラリア人から教えてもらう場合とでは大きな違いがある。前者では「カンガルー（英語：kangaroo）は有袋類カンガルー目の一群である。カンガルー科に分類されるが、別の分類ではネズミカンガルー科をカンガルー科に統合し〔…中略…〕オーストラリア大陸、タスマニア島、ニューギニア島に生息している。大型の（狭義の）カンガルー、小型のワラビー、樹上性のキノボリカンガルーなどがいるが、同じカンガルー属にオオカンガルーもアカクビワラビーも中間サイズのワラルーもおり、大型カンガルーとワラビーの区別は分類学的なものではない〔…以下、略…〕（出典：ウィキペディア）」というように詳細な知識を知ることができる。

一方、オーストラリア人に「カンガルーってどんな動物ですか」と聞けば、「結構どこにでもいて時々道に飛び出し交通事故の原因になっているから、田舎の道を車で走るときには注意が必要だよ。最近、その数が増えて深刻な社会問題になっている。見た目はかわいいんだけど、臭いし興奮しているとき近づくと危険だよ」などと教えてくれるだろう。

確かに「カンガルー」に関して、例えば動物生態学的に研究し論文でも執筆しようとするならば、前者のような「きちんとした知」が必要不可欠である。しかし、例えば私たちが「オーストラリアでトラブルなく暮らしてゆく」ことを目的として「カンガルーについて知りたい」と思ったならば、科学的に一〇〇%正しいわけではなく多少あいまいであっても後者のような「知」の方が役に立つだろう。

少し冷静になって考えてみるとわかるのだが、ある意味でこれまでの学校教育は、日常生活とは切り離された「知」を中心に教えてきたのかもしれない。リアリティのない「知」とも言い換えることができる。学校で教える「知」には間違いがなく「あいまいさ」がない。それは、私たちの「日常」からはかけ離れている場合も少なくない。

しかし、グローバル時代、予測困難な時代（混迷する時代）、そしてデジタル時代という時代のなかでは、日常の「役に立つ」に根ざした大学教育が必要不可欠である。テストで高い得点をとるよりも、日常の暮らしで役立つ知識が大切になることは間違いない。そして、日常の暮らしの中で役立つからこそ、学習者の「主体的な学び」が起こるのである。

次章で私は、認知科学が古典的な「学び」の再評価を行っていることを示す。そこでは、学習者自身が日々の生活を送っている環境・状況のなかでの「学び」、生活に根ざした「学び」の重要性が主張されており、これが学習者の「学び」に対する意識や意欲にも直結することになる。

第2章　予測困難な時代で活きる日本の「学び」

はじめに

◉認知科学が遭遇した「フレーム問題」

現在、日本は将来が「予測困難な時代」を迎えている。「混迷する時代」ということもできる。産業構造、雇用形態の大きな変化に加え、二〇一一年三月一一日の東日本大震災とそれによって引き起こされた東京電力福島第一原子力発電所の事故により、私たちは科学技術の無力さを改めて認識させられたと同時に、人間社会のあり方や価値観の再考を迫られている。

これまでの近代科学、そして近代教育が標榜してきた「正しい知識を簡単なものから複雑なものへ、ひとつひとつ系統的に積み重ねてゆけば人類は永遠に発展し続けることができ、人類は幸福でいられる」という前提が、現在音を立てて崩れかけている。めまぐるしく変化する価値観や複雑に絡み合う人間関係、そして社会構造の急速な変容などに対応するには、二〇世紀の高度成長期に培ってきた大学教育や「学び」の方法ではもうすでに限界に来ている。これからの時代を生き抜くためには、臨機応変の力、主体的に判断し行動する力が大切になる。大学教育により既存の知識を習得するだけでなく、「答えのない問題」に取り組み解決する能力を培う必要がある。そうでなければ、大学を卒業し社会に出たとき大きな壁にぶつかり、一歩も前に進むことはできなくなってしまうだろう。

ところで、多くの人は驚くかもしれないが、認知科学はすでに一九八〇年代「私たちの日常生活は考えている以上に複雑であいまいである」ということに気づいていた。日常という複雑な環境のなかでは「予測不可能」な出来事が頻繁に起こるが、近代科学の力ではそのような事態にまったく対処できない。近代科学は「きちんと条件がコントロールされた環境」、つまり「実験室」のなかでうまく機能することを前提にして発展してきた。認知科学の重要な研究テーマである「フレーム問題」は、このことを私たちに気づかせてくれたのである。

認知科学による「複雑な日常」の発見は、まずコンピュータやロボットの開発現場で起こった（マッカーシー他 一九九〇、佐々木 一九九四）。一九八〇年以前、つまり「フレーム問題」が発見される以前、ロボット開発の研究者はひとつの基本方針をもっていた。その基本方針とは、「ロボットを人間に近づけるために、ロボットにさせたいことをひとつひとつ系統的にプログラムしていく」というものだった。コンピュータの著しい発展と研究者の努力によって、一九八〇年までにかなり優れたロボットが完成した。そのロボットは、人間の指示に間違いを犯すことなく忠実に従うことができた。研究者は完成したロボットを実用化しようと、実験室から私たちが生活している「日常」にロボットを運び出した。そして、「フレーム問題」にぶち当たった。

「フレーム問題」とは簡単にいえば、あいまいで複雑な日常の世界、つまり無限ともいえるほどの情報が存在している世界のなかで、ロボットが、あるいはコンピュータがどの情報を処理したらよいかがわからず機能停止してしまうという問題である。人間ならば、自分が行おうとしている活動にとって必要な情報だけを無限に存在する情報の中からフレームで囲うことによって取り出し、その取り出した情報だけを処理し自分の活動に利用することができる。しかし、活動すべきことを人間によって「ひとつひとつ系統的にプログラムされた」ロボットにとって、目的の活動に必要な情報と必要でない情報とを判断し、区別することは不可能なことであった。

この行き詰まりのもっとも大きな原因は、「この世の中はあいまいで複雑である」、つまり「日常世界には無限ともいえるほど多くの情報が存在している」ということを設計の段階で考慮していなかったことである。それまでのロボット開発は、あいまいさがなく環境の変化も少ない実験室で行われていたからである。しかし、実験室での開発が成功し、それでは日常の中で試してみようとした瞬間、ロボットは一歩も動けなくなってしまった。「あいまいで複雑な日常」の中で自然に振舞うことは、予想以上に困難なことだった。そして、それとまったく同じことが、予想困難な時代に生きている私たちにも起こっているのである。

◉「認知科学」の基本的な考え方

「フレーム問題」以前、人間の「知」を探求していた認知心理学者やコンピュータ科学者に共通していたこととは、彼らは「頭の中で起こっていること」を明らかにしようとしてきたことである。人間の「頭の中で起こっていること」を明らかにしてモデル化し、それをロボットにプログラムすれば、ロボットも人間と同じように振る舞えるだろうと考えられてきた。さらに、「知」が脳に存在するという考えは、脳の神経回路網と同じような構造のコンピュータ・モデル「ニューロコンピュータ（ニューラルネットワーク）」を構築しようという試みを導いた。ところが、「フレーム問題」という行き詰まりが現れ、研究者はこの問題について改めて考え直す必要にせまられたのである。そして、研究者の中には次のように考える人が出てきた。

まず、自分たちが陥った「フレーム問題」は、最初から「環境（これはとてもあいまいで複雑である）」というものを無視し実験室に限定したことに原因があった。これまでは、「環境」というものをほとんど考慮することなく、主体である人間やロボットの「頭の中で何が起こっているのか」だけに着目していた。しかし、人間の「知」というものを環境から切り離して考えている限り、「フレーム問題」からは逃れられないだろう。

冷静に考えてみればすぐにわかることなのだが、情報というものは人間をとりまく環境そのものの中に存在している。例えば、一歩前進したことにより今まで目標にしていた目印が見えなくなるということは普通に起こりうる。この現象は、たとえその場における情報処理に成功しうまく稼働したとしても、その稼働の結果として「状況（環境）」自体に変化が生じてしまい一瞬として同じ状態は保たれないという本質的な問題を含んでいる。つまり、環境の中に埋め込まれている情報を無視したのでは、人間もロボットも環境の中でうまくやってゆけるはずがない。

もし、このように考えたならば、私たちがしなければならないことは、最初から何もかにもロボットに対してプログラムしてあげるのではなく、ロボット自身が環境の中で試行錯誤しながら、つまり環境と相互作用を行うなかで、ロボット自らが学んでいけるようにロボットを設計しプログラムすることなのである（橋田 一九九四、岡田 一九九五、松原 一九九九）。

このような行き詰まりは、ロボット科学の領域に限定されたものではなかった。「フレーム問題」発見後、同様の行き詰まりが様々な研究分野で同時多発的に生じた。そして、多くの研究者は次のような疑問をもつようになった。はたして、実験室という理想的な環境で明らかになった「真実」は、日常生活にも同じように当てはまるのか？ 本当に、身体を無視した脳だけで人間の行動は理解できるのか？ このような素朴な疑問が、様々な領域から浮上してきたのである。

そしてこの頃、おなじ問題を抱える様々な領域の多くの研究者たちが、それぞれの悩みをもち寄って交流するという活動が各地で起こった。そのような交流は次第に世界的な規模にまで広がり、「認知科学」と呼ばれる学際的な（あるいは文理融合型の）学問領域が生まれることになった。そこでは「実験室から現場へ、脳から身体へ」ということが議論のひとつとなり、その後、この視点をもった研究が盛んに行われるようになってくる（渡部 二〇一〇）。

認知科学の特徴を、高木（一九九六）の表現を少し変えて説明するとしたならば、従来のアプローチとは以下のような違いがある。つまり、人間の行為を自動車のスピードにたとえるとするならば、従来のアプローチがエンジンの性能、ボディスタイルの空気抵抗、そしてタイヤのグリップ力などをそれぞれ徹底的に解明しようとするのに対し、認知科学では実際に車が走っている様子を詳細に観察することによって、エンジン、車体、ドライバー、路面、空気などがどのように関係することでそのスピードを達成しているのか、ということを問題にするのである。

あいまいで複雑な日常の中で

コンピュータやロボットの開発現場で発見された「フレーム問題」だったが、教育現場でも同様な現象が認められる。そのことを、私が実際に経験した出来事から二つ紹介したい。私は三〇歳代の一〇年間、教員養成大学において、将来、特別支援学校の教員になろうとしている学生の教育に携わっていた。教育実習など教育現場の学生指導において、私は様々な経験をさせていただいた。特に、自閉症などの障がいをもった子どもたちは「学び」に対して非常にナイーブであり、一般の学校現場では気がつかないような大切なことを私に気づかせてくれた。

◉どうしてトイレに行かなかったの？

例えば、次のような出来事を私は経験した（渡部 二〇〇五）。

私たちの小学生の頃には、どんなに朝早く学校に行っても教室に入れた。しかし、最近では夜間、教室の鍵を閉めているらしい。

ある朝、先生が少し遅刻し特別支援学級の鍵を開けるために急いで教室に行ってみると、自閉症の健太（仮名）が教室のドアの前で立っていた。廊下はびしょぬれ、健太のズボンも濡れている様子。先生はとっさに言った。

「どうしてトイレに行かなかったの？　トイレはすぐそこなのに！」

健太は入学当初、昇降口から教室へ行き先生が来るまで待っているという一連の行動ができなかった。そこで担任の先生は、昇降口の写真カード、下駄箱の写真カード、階段の写真カード、教室の写真カード、自分の机の写真カード、トイレの写真カード……を作った。これで健太は、束ねられたそれらのカードを上から順番にめくっていくことによって、一連の行動を遂行することができた。

数週間後、このカードと先生の熱心な指導のおかげで、健太はこれら一連の行動が可能になった。そしてその日も、いつものように昇降口から入って、いつものように下駄箱に靴を入れて、いつものように階段を上って、いつものように教室の中に入って、いつものように自分の机の上にランドセルをおろして、いつものようにトイレに行って、いつものように……のはずであった。

ところが、たまたまその日は違っていた。教室のドアには鍵がかかっていたのである。彼が持っていた写真カードの中には鍵のかかったドアなどもちろんなかったし、彼の行動レパートリーにも「ドアの前にランドセルをおいてトイレに行く」という選択肢はなかったのだった。

あらためて考えてみると、日常生活では予想外のことが頻繁に起こっている。いつもは冷蔵庫の中にあるはずの牛乳がたまたま切れていたり、いつもは時間どおりに来るはずのバスがたまたま渋滞でいつもどおりには来なかったり……。私たちなら何気なく対処可能なこんな出来事が、自閉症の子どもたちにとっては大問題となる。事前に、ひとつひとつ対処法を指導されていればよいが、そんなことは絶対不可能。日常の中で起こりうる可能性のある出来事は、無限にある。

もちろん、このような特徴をもつ自閉症の子どもたちに対してどのように教育したらよいのかということについては、これまで多くの教育の専門家（教師や研究者など）が研究を積み重ねてきた。彼らがもっとも大切だと考えていることは、自閉症児に対する教育は一般教育と比べてずっとデリケートであり、したがって科学的できめ細かな教育が必要ということ。つまり、子どもたちの障がいの種類や重症度を客観的・分析的に明らかにし、簡単なことから複雑なことへと系統的にひとつひとつ丁寧に教え込んでゆくということが大原則になる。健太に対する写真カードを活用した指導も、この原則に従っていた。それにもかかわらず、このような事件が起きてしまった。先生がちょっと遅刻した。たったそれだけで、事件が起きてしまったのである。

◉マクドナルドでチーズバーガーを買おう

私が経験した二つめの例は、学生が教育実習でお世話になっている特別支援学校の研究授業のことであった（渡部二〇〇五）。

特別支援学校では、生活能力を指導するためにしばしば「買い物指導」が行われる。これはもちろん、日常生活で困らないようにという配慮のもとに行われるのだが、それに加えお金の計算という算数能力向上という目的もある。

私が見学に行ったとき行われていた授業は「研究授業」ということもあり、とても入念に準備されていることがすぐにわかった。教室には、子どもたちが大好きな「マクドナルド」の店が再現されている。お店のシミュレーションとして、あの「マクドナルド」の看板がほとんど本物かと思われるようにかけられていた。二人の先生のうち若い方の先生が店員役になり、その象徴としての帽子をかぶっている。子どもたちは、小学校三年から六年までの自閉症児や知的障がい児が四名。大好きな「マクドナルド」の店を前にして、ワクワクしている様子である。

年配の先生が口火を切った。

「今日は、皆さんが大好きなマクドナルドのお勉強です。先生たちは一所懸命こんなすてきなお店を作りました」。

子どもたちは「すごいなあ、かっこいいなあ」と感激している。

先生「今日は、このマクドナルドのお店でチーズバーガーを買うというお勉強をしましょう。皆さんが上手にチーズバーガーを買えるようになったら、課外活動の時間に駅前のマクドナルドの店に行って、実際にチーズバーガーを買ってみましょうね」。

まずは、教室の中で十分に練習してから、最後に実際のマクドナルドの店に行って「仕上げ」をするという計画らしい。確かに、最初から実際のマクドナルドの店に行けば、いろいろと失敗するだろう。

年配の先生は、おもむろにひとつの箱を取り出した。そこには、マックバーガー、チーズバーガー、ダブルバーガー、シーフードバーガー……などの写真とその名称、そして値段が書いてあるたくさんのカードが入っていた。その他にも、ホットコーヒー、アイスコーヒー、コーラ、ジュースなどのカードがあった。事前に先生がそれらすべてを購入し、ポラロイドカメラでひとつひとつ写したのだろう。かなり手の込んだ教材である。

授業は順調に進み、各々の子どもたちは無事「マクドナルドのお店」でチーズバーガーを買うことができた。障がいの重い子どもはカウンターのところで「チーズバーガーを下さい」と注文することを学び、障がいの軽い子どもは正しくお金を支払い、おつりをもらうことが学習できた。最後に先生は次のように宣言し、この授業は終了した。

「みなさん、今日は良くできましたね。次回は二つの品物、例えばチーズバーガーとジュースを買うというお勉強をしましょう」。

この研究授業を見学していたほとんどの先生は、入念に準備された授業にとても感心している様子だった。しかし、私にはいいようもないほどの違和感が生じた。それは、次のような違和感である。

実際に私たちがマクドナルドの店でチーズバーガーを買う時のことを思い浮かべてみよう。チーズバーガーを買おうとお店に行ったとしても、例えばチーズバーガーが売り切れだったり、店でフイッシュバーガーを食べている人を見たら急にフィッシュバーガーが食べたくなったり……。あるいは、いつもは高くて買えないダブルバーガーがサービス期間中でチーズバーガーより安かったり、予定どおりチーズバーガーを買って「さあ食べよう」と包みを開いたとたんポトッと中身を落としてしまったり……。実際の生活では予想もしていない様々なことが起こりうる。

ここで問題なのは、「あいまいで複雑な日常（＝無限）」と「先生が事前に設定した教室内のシミュレーション（＝有限）」との間に本質的な違いはないのかということである。つまり、教室内のシミュレーションとして先生が店員になり「チーズバーガーを買う」という事態を綿密に計画された場面と、実際のマクドナルドの店で「チーズバーガーを買う」という場面は、本質的に同じなのかという問題である。これは、教室内のマクドナルドのお店でチーズバーガーを買うことができた子どもは、本当に実際のマクドナルドのお店でチーズバーガーを買うことができるのだろうか、という問題でもある。

「マクドナルドでチーズバーガーを買う」という能力は、実際に「マクドナルドでチーズバーガーを買う」ことによって初めて身に付くものではないだろうか？

そのような素朴な疑問が、私の中でむくむくと大きくなってゆくのであった。

認知科学と日本の「学び」

◉古典的な「学び」の再評価

以上、紹介した二つのエピソードに共通しているのは、私たちが普段何気なく生活している「日常」は非常にあいまいであり、しかも複雑だということである。いつもは開いている教室のドアに、たまたま鍵がかかっていることもある。また、マクドナルドのお店でチーズバーガーを買おうとしても、実際にお店に行けば様々な「予期せぬ出来事」が待っている。その中で私たちは何とかうまく情報を処理し、不都合なく日々を暮らしている。しかし、「学び」に対して非常にデリケートな障がいをもった子どもたちは、しばしばその「あいまいで複雑な日常」に躓いてしまう。「日常」の中に存在する膨大な量の情報をどのように処理したらよいのか、わからなくなってしまうのである。

このような「フレーム問題」に悩んでいた認知科学の研究者がその解決のために着目したのは、古典的な「学び」であった。それは、日常生活の中の「学び」と言い換えることもできる。ありふれた毎日の生活のなかに、人間の「学び」を考える上でとても重要なヒントが隠されている。一九九〇年代以降、「日常」という環境の中で実際に起こっている「学び」に関する探究の成果が多数報告されるようになった。ここでは、その中からひとつ先駆的な研究を紹介しよう。

サッチマン（L. A. Suchman）は、一九八七年に出版した『プランと状況的行為─人間‐機械コミュニケーションの可能性（*Plans and Situated Actions*）』の冒頭で、過去の文献から古典的な「学び」

を再発見し、次のような引用を行っている。

トーマス・グラッドウィン（Gladwin 1964）は、トラック諸島の島民が公海を航行する方法についてヨーロッパ人が航行する方法と対比した素晴らしい論文を書いている。彼はこう指摘している。ヨーロッパの航海士は何らかの一般的な原理に従って海図に描いたプラン（計画）―すなわち、一つのコース―から始め、すべての動きをそのプランに関係づけることで航海を遂行するのである。航行中の彼の努力は「コース上に」とどまることに向けられる。もしも予想外の出来事が生じたら、彼はまずプランを変更し、しかるのちにそれに従って対応する。トラック島の航海者はプランではなく目標から始まる。彼は目標に向けて出発し、発生する条件にアドホックな（その都度の）やり方で対応する。彼は風や波や潮流や、ファウナ（動物相）や星や雲やボートの側面に打ち寄せる水の音によってもたらされる情報を利用し、それに従って舵をとる。彼の努力は目標に至るのに必要なことすべてを実行することに向けられる。聞かれれば彼はいつでも目標をさし示すことができるが、コースを描くことはできない（Berreman 1966 p.347）。
（サッチマン／佐伯訳 一九九九）

ヨーロッパの航海士の場合は、出航前すでにどのように航海するのかという説明が手元にあるように見えるというのである。つまり、彼らはあらかじめプランをもっていて、そのプランに従って自分たちの行為を実行している。それに対しトラック島の航海士の場合は、無理矢理に聞き出さないかぎり、実際に自分たちがどう舵とりして航海するのかを他人に説明できない。サッチマンはこのような対比を行ったうえで、「いかにプランがなされても、目的的行為は避けがたく状況に埋め込まれた（situated）行為なのである」と結論づけた。サッチマンは、次のように言う。

この意味で、私たちはみな、たとえ一部の人たちはヨーロッパ人の航海者のように話すかもしれないが、トラック島の航海者のように行動するだろうといえる。私たちはトラック島民のように振る舞わないではいられない。なぜなら、私たちの行為の状況は決して完全には予想できないし、それらは絶えず私たちのまわりで変化し続けているからである。……中略（引用者）……むしろ、プランは、本質的にはアドホックな活動に対して、たかだか弱いリソース（資源）であると見なすべきである。（前掲）

つまり、人間の行為というものは本質的に状況に埋め込まれたものであり、状況に埋め込まれた行為は本質的にアドホックな（その都度的な）ものであると、サッチマンは言うのである。

サッチマンの「人間の行為というものは本質的に状況に埋め込まれたものである」という考え方は、「状況的学習論」として認知科学における重要な研究成果として世界中に広まった。それまでは、人間の認知活動はすべて頭の中の「情報処理」の結果であり「情報処理過程」のしくみを研究すれば人間の認知活動はすべて解明できる、と考えられていた。例えば、人間の頭の中でどのようなメカニズムが機能することによって「学び」が成立するのかを明らかにすることによって、学校における教育をより効率的に行えるようになると考えられていた。

しかし、サッチマンの主張は、このような常識とは真っ向から対立するものだった。彼女は、人間の行為を人間が生活する「現場」の様々な事物が織りなす関係の網の目の中に位置づけて理解しようと主張したのである。つまり、「状況的学習論」によれば、そもそも知識とは常に環境あるいは状況に埋め込まれているものであり、したがって本当の「学び」とは、環境や状況の中で、それらと相互作用しながら成立するものなのである。生きてゆくために役立つ「知」は決して頭の中にあるのではなく、状況に埋め込まれている。二〇世紀末に浮き上がってきた認知科学における「状況的学習論」は、そのことを強調していた。

◉複雑な対象には「やわらかな態度をとる」という考え方

さて、最初に「フレーム問題」に気づいたロボット研究者は、その後どのように問題を解決しようとしたのか？　彼らは一九九〇年以降、次のように考えるようになった。一九八〇年代に起きた「行き詰まり」をひとことで言い表すとしたならば、ロボットにさせたいことをあらかじめひとつひとつ系統的にプログラムしておくという方法では、複雑であいまいな日常の中ではうまくやってゆけないということであった。私たちがありふれた日常と感じる毎日の生活も、実際には予想外の出来事の連続なのである。

日常世界は一見単純そうに見えるが実は非常に複雑であり、しかもあいまいである。「あいまいで複雑な日常」ということは認知科学的にいえば、「日常には無限ともいえるほどの情報が存在している」ということである。そして「人間はあいまいで複雑な日常の中で何とかうまくやっている」ということは「人間は無限ともいえるほど膨大な量の情報をうまく処理している」と言い換えられる。それでは、私たちはどのように無限ともいえるほど膨大な量の情報を処理しているのだろう？

認知科学者は、次のように考えた。まず人間は、「無限とも言える量の情報が存在している日常」をとりあえずのフレームで囲うことにより、今自分が必要としている情報を限定する。フレームで囲われた情報は完全なものではなくあくまでも「アドホックな（その都度的な）もの」ではあるけれど、とりあえずそれだけの情報を処理し何とかうまくやっていこうと試みる。もちろん、一度でうまくいかない場合も多いだろう。一度でうまくいかなかった場合、何度も試行錯誤しながらそのフレームを修正する。修正を繰り返しながら、何とか自分の目的と照らしあわせ「よいかげんなところ」にフレームを落ち着かせる。そして結果的に、一〇〇％ではないにしても「そこそこのところ」で何とかうまくやってゆく。これが私たち人間の「日常的な姿」である。人間らしいロボットを作ろうとしていた研究者が、あいまいで複雑な日常の中で動けなくなったロボットを目の前にして着目したのは、このような人間がもつ能力であった。

このようなロボット研究におけるパラダイム・シフトは、対象が複雑なほど、また対象が置かれている「状況」が複雑なほど、対象への働きかけは「やわらか」にすべきであるという基本的な考え方を導き出す。この考え方は、「ヒューリスティクス heuristics」と呼ばれた。「ヒューリスティクス」とは、「必ずしも正しい答えを導けるわけではないが、ある程度のレベルで正解に近い解を得ることができる」とする考え方である。「ヒューリスティクス」の考え方を実際のロボット開発（コンピュータ科学）に採用した場合、答えの精度は完全に保障されるわけではないが回答に至るまでの時間が少なくてすむというメリットを産む。ロボット研究者は、この「一〇〇％正しい答えではないけれどある程度のレベルで正解に近い解を得る」という「ヒューリスティクス」の考え方により、複雑であいまいな「状況（環境）」の中でコンピュータ（ロボット）を稼働させようとしたのである。このような考え方に基づいた研究は、具体的には例えば「サッカーロボット」の開発研究で進められてきた。サッカーでは「相手の動きに対し即座に自分の動きを決定する」ことが求められる。そのため、「正しい答えを時間をかけて出す」よりも「そこそこ正しい答えを即座に出す（そして行動する）」ことが求められるのである（松原一九九九、田近二〇〇一）。

このような認知科学の研究成果は、学生自身に獲得させるべき「学び」のスタイルであると同時に、大学教育のあり方をも示唆している。つまり、主体的な「学び」をするのは学生本人であって、大学教育の役割はその「学び」を支え促進することである。「きちんと教える」というこれまでの大学教育のスタイルから学生に対して「やわらかな態度をとる」という教育スタイルへの変更が結果的に学生の「主体的な学び」を生む、と私は考えているのである。

◉日本の「学び」に対する再評価

「フレーム問題」を解決するために古典的な「学び」に着目した認知科学であったが、日本の研究者は同じ視点で自分たちの国で長い間醸成して来た日本の「知」や日本の「学び」を再評価し始めた。

例えば生田は、日本舞踊など伝統芸道の伝承過程を研究し、日本伝統芸道の「わざ」がどのようにして学習者に伝承されるのかということを明らかにしている（生田 一九八七）。まず、それは現在の学校教育における「教え方」や「学び方」とは異なっているということに驚かされると同時に、これまで忘れかけていた人間の「学び」を思い出させてくれる。

伝統芸道の教育は、「形」の「模倣」から始まる。例えば日本舞踊の世界では、入門者はお辞儀の仕方や舞台での最低守らなければならない作法を師匠から指示されると、いきなり作品の教授が開始される。入門したての学習者は日本舞踊のイロハもわからないまま、邦楽のテープに合わせて師匠の後についてそれを模倣させられるのである。

このような学習の方法は、ピアノなど西洋芸術に慣れ親しんだ者にとってはまったくの驚きであるにちがいない。例えばピアノの場合には、まず右手の動き、左手の動き、そして両手の動きを、つまりピアノのイロハを入門者の既存の知識に照らして順を追って教授を進めていく。さらに西洋芸術の場合、ひとつの「わざ」の体系はいくつかの技術の要素に分解され、それぞれを単元としたカリキュラムが組まれ、学習の易しいものから難しいものへという順に配列されていく。学習者は、ピアノならば教則曲、ハノン、バレエなら「パ（pas）」の練習に多くの時間をかけて、基礎がしっかり身についてから作品に入っていくのが常道とされる。

それに対して日本古来の「わざ」の教授はいきなりひとつの作品の模倣からはじめられ、しかも段階を追って順に学習を進めていくことはしない。易しいことから難しいことへと段階を追って進むのではなく、むしろ難しい課題を入門者に経験させたりする。あるいは、あえて段階を設定せず、学習者自らにその段階や目標を作り出すように促したりする。つまり、日本伝統芸道における学習は「非段階的に進む」という特徴をもつ。

したがって、そこで行われる「評価」も、西洋芸術のそれとは異なっている。日本の伝統芸道では、模倣、繰り返しを経てひとつの作品が師匠から一応「上がった」と言われると、学習者は次の作品の練習に入っていく。しかしこの場合、次の段階に「進む」という明瞭な観念は師匠にも学習者にもない。現象的にいえば、ただひとつの作品の模倣が終わったのであって、また別の作品の模倣に入っていくにすぎないのである。

生田によれば、義太夫の師匠である竹本津太夫は、稽古の最中に「ダメだ」「そうじゃない」といった叱責を与えたのみで、どこがどういう理由でダメなのか教授することは稀であったという。またよい時にもただ「そうだ、それでいいのだ」と言うだけで、学習者本人はなぜ「よい」と言われたのかもわからないことが往々にしてあるという。したがって、一度はよいとされた動作をもう一度繰り返していると思っていても、師匠からは「ダメだ」と言われることもある。

「……ウンもいかん、スウもいかん……「まともにやったらええ」これだけしか教えてくれはりまへん」という学習者の言葉は、とても象徴的である。つまり、評価はきわめて厳格に与えられているにもかかわらず、学習者にはその評価のよって来たる根拠が直ちに（透明に）見えない、ということが日本伝統芸道における学習の評価なのである。そして、そのような評価の「非透明性」こそが、学習者に探求を持続させるとされる（生田 一九八七）。

むすびにかえて

◉予測困難な時代の大学教育

以上のような日本の「学び」は千数百年という長い時間をかけて醸成されてきたものであるが、明治維新の「文明開化」によって近代教育が日本の学校現場に浸透すると一挙に忘れ去られてしまう。特に、戦後の日本はアメリカをひとつのモデルとした高度成長期にあり、日本の大学も世界との競争を強く意識しながら発展してきた。そこでは「発展・競争・効率」を重視するという価値観に基づき、実際に高度経済成長や工業立国としての発展に呼応した「大学教育」がある意味で成功をおさめてきた。

しかし現在、日本は大きな転換期にある。様々な社会変化の中で、私たちはこれまで求めてきた「発展・競争・効率」という価値観に疑いをもち始め、これまでの「幸せ」に対する価値観が大きく揺らいでいる。そして、人々は「これまでの政治、経済、そして教育は何か間違っていたのではないのだろうか?」という疑問をもち始めている。

さらに認知科学は、「近代教育」には「現場」や「日常」という発想が決定的に欠如していることを強く主張する。近代西洋の「知」、そしてその代表である「科学」は客観性や普遍性を重視するという特質から、あいまいで将来の予測が困難な「日常」ではなく、条件の整った「教室（実験室）」を前提に議論してきたのである。つまり、そこでの「学び」は「きちんとした知」を「教え込み型の教育」で獲得することが中心であった。そこでは、学習者が短時間で効率よく「きちんとした知」

を獲得するためには「どのように教えたらよいのか」ということが最大の関心事であった。

それに対し、認知科学が再発見した古典的な「学び」や日本の「学び」は、「よいかげんな知」を「しみ込み型の学び」で獲得してゆく。そして私は、このような日本の伝統芸道で採用されている「模倣」「非段階性」「非透明な評価」といった特徴をもつ教育スタイルこそ、予測困難な時代、複雑であいまいな時代、そして混迷する時代の大学教育にとって必要不可欠であると考えている。

◉次章以降の流れ

次章以降では、このような日本の「学び」を現在の大学教育にブレンドしてゆくことを試みる。第3章では「教養教育」を対象として検討してゆくが、これまで大学教育の中での位置づけが必ずしも明確ではなかった「教養教育」に対し、「専門知を統合するための基礎的な能力を身につける」という目標を設定してみる。そして、そのために日本の「学び」を最大に活かす方法について検討する。

第4章では近年、大学教育に関する議論の中でしばしば登場するようになった「アクティブ・ラーニング」に関して、日本の「学び」と対比することにより検討してゆく。「アクティブ・ラーニング」は、従来の「教授が学生に対し一方向的に専門知識を伝達する講義」に対する反省から発している。学生の能動的な「学び」を引き出すために、実際に学生自身にグループワークなどの活動をさせる。このような「アクティブ・ラーニング」で行う活動は、外見的には伝統芸能の世界において弟子（学習者）がその世界の中に主体的に入り込むことにより「わざ」を獲得していくことと類似してみえる。第4章では、「アクティブ・ラーニング」と伝統芸能における学習者の「学び」との共通点や相違点を検討しながら、今後の大学教育について考えてゆく。

さらに第5章では、「アクティブ・ラーニング」などの評価としてしばしば採用される「ポートフォリオ評価」について、伝統芸能の評価と対比しながら詳細に検討してゆく。

第3章　専門知を統合するための「教養教育」

はじめに

◉「教養教育」に関する様々な議論

近年、「教養教育はどうあるべきか」という議論が盛んに行われており、少なくとも二つの捉え方が提示されている。第一に「様々な知識を広く学ぶ」といういわゆる「リベラルアーツ」としての捉え方であり、第二に将来進むであろう専門教育への準備段階としての「教養教育」という捉え方である。

第一の「リベラルアーツ」としての捉え方では、典型的にはプラトンやアリストテレス、シェイクスピアやゲーテ、そしてデカルトやカントなど世界中の偉大な古典を読み解き、それらの知識を自分自身に取り込むというようなイメージで語られることが多い。例えば、国際基督教大学のホームページでは「リベラルアーツ」について、「「自由自在な生き方」を手に入れるための学問である

〔…中略（引用者）…〕リベラルアーツを端的に語れば、「文理にとらわれず広く知識を身につけながら、創造的な発想法を訓練する教育システム」となるでしょう」と説明している。

そして第二に、「教養教育」は将来進む専門教育への準備段階として捉えられることも多い。ここでは、専門教育に進む前段階として、語学や研究方法論・専門の基礎的知識・基礎スキルを学ぶことが重視される。語学の習得は国際レベルの論文を読んだり、国際学会で研究成果を発表するために、また統計学などの基礎知識・基礎スキルを学ぶことは専門課程における実験結果の解析などに必要不可欠であるとされる。

◉「大学審議会」と「中央教育審議会大学分科会」における審議

一方で、公に「教養教育」のあり方について検討してきたのは、一九八七年、当時の文部省に設置された「大学審議会」であり、その後は二〇〇一年の省庁再編によってあらためて設置された「中央教育審議会大学分科会」であった。審議の大きな流れを簡単に総括すれば、一九九一年の大学設置基準改正前は一般教育の科目区分として「一般（人文・社会・自然）、外国語および保健体育」が明記されており、これが教養教育のひとつの枠組みと捉えることができる。しかし、一九九一年六月の大学設置基準の改正、いわゆる「大学設置基準の大綱化」により一般教育と専門教育の区分が廃止された。この改正により大学四年間の学部教育を自由に編成できるようになり、多くの大学で一般教育課程あるいは教養部の改組・解体が進行した。その方向性の多くは、専門教育を重視した学部教育の編成であり、結果として教養教育が軽視される風潮を生んだ。

そのような流れに対し、大学審議会は一九九八年に出された『二一世紀の大学像と今後の改革方策について』において「教養教育が軽視されているのではないかとの危惧がある」と問題点を指摘し、「教養教育の重視、教養教育と専門教育の有機的連携の確保」が重要と指摘している。そこでは、教養教育の理念を「学問のすそ野を広げ、様々な角度から物事を見ることができる能力や、自主的・総合的に考え、的確に判断する能力、豊かな人間性を養い、自分の知識や人生を社会との関係で位置付けることのできる人材を育てること」であるとし、その実現のために「授業方法やカリキュラム等の一層の工夫・改善、全教員の意識改革と全学的な実施・運営体制を整備する必要がある」と述べている。

二年後の二〇〇〇年には、未だ「教養教育の取り扱い方についての学内の議論が十分でなく、教養教育が軽視されているのではないか」と指摘した上で、「新しい時代の教養とは何かを問い直し、これを重視する方向で学部教育の見直しを検討することが望まれる」としている（大学審議会『グローバル化時代に求められる高等教育の在り方について』）。さらに二〇〇二年、中央教育審議会は答申『新しい時代における教養教育の在り方について』を文部科学大臣に提出し、その中での「教養」を「個人が社会とかかわり、経験を積み、体系的な知識を獲得する過程で身に付ける、ものの見方、考え方、価値観の総体」と改めて定義した上で、未だ大学の教養教育が十分に整っているとはいえない状況が続いているとの認識を示している。

◉江戸時代末期の漢方医学教育

結論を先取りすれば、「教養教育」は高校までの「きちんとした知」を「教え込み型の教育」を通して獲得するという学習スタイルから「よいかげんな知」を「しみ込み型の学び」を通して獲得するという学習スタイルへの移行期という役割を担わなければならないと、私は考えている。そのように考えるきっかけになったのは、教育哲学者の川口陽徳と以前に行った「漢方医学の教育」についての対談である。ここでは、この対談について簡単に紹介しながら「教養教育」について私の考えを示してゆく(2)。

川口が研究対象としている浅田宗伯は、幕末から明治期にかけての漢方医の中で特に後継者の教育に力を入れていたという（浅田宗伯は「浅田飴」創業者のひとり）。この時期、漢方医学は二つの理由から存続の危機に陥っていた。一つは当時、書物をちょっと読んだだけで病気を治そうとする「似非《えせ》漢方医」が横行していたという点である。そして二つ目として、この時期は西洋から近代医学がどっと日本に入ってきた時期であり、大学に医学部が創設されはじめて医学に関する近代教育が始まった時期でもあった。つまり、漢方医学は内外からの改革の機運のもと存続の危機に瀕していたといえる。

もともと伝統的な漢方医学は、とてもアナログな継承がなされていた。例えば、江戸中期の名人といわれる漢方医・和田東郭は、医術は言葉に表すことができないと考え、みずから筆をとったりはしなかったという。また、東郭と同時期に活躍した漢方医・亀井南冥は医術の修行についての和歌を残しているが、そこで「医は意なり意という者を会得せよ手にも取れず書にも書かれず」と詠み、とにかく病人を前にして師匠の治療を真似ながら修練するしかないとしている。このように、漢方医学の全盛期といわれる江戸中期は「とにかく師匠の治療を真似るしかない、紙にも書けないものなのだ」と考えられていた。まさに、「アナログ世界をアナログのままで継承する」しかなかったのである。

しかし江戸末期、浅田宗伯の時代になり、そのような伝統的な継承方法は機能不全に陥ってしまった。従来の方法では次世代の育成がうまく機能しなくなり、あらためて継承について考えざるを得なかったというわけである。そこで、浅田宗伯は漢方医学の世界を何とかわかりやすい形で継承できるように工夫し後世に残そうとした。そうして考え出したのが、漢方医学の「知」を「医学」「医術」「医道」という三つの要素に分けてわかりやすく教育し、ある程度学習が進んだ段階で三つに分節化された「知」を再びつなぎ直すという方法であった。

私が川口の話を聞きながら常に頭の中にあったことは「江戸時代末期の漢方医学教育＝今の時代における大学教育」ということであった。江戸時代末期、浅田宗伯は存続の危機にあった漢方医学を教育しやすいように三つの要素に分解し教育した後、再び統合しようとした。確かに、一つの複雑な対象を三つの要素に分解し教育することは比較的容易にでき、ある程度は効果的だろう。しかし、その分解した要素を一つに統合することは、想像以上に困難なことと予想される。

（2）ここで示す漢方医学に関する知識は、すべて川口氏との対談（拙著『日本の「わざ」をデジタルで伝える』大修館書店二〇〇七）からの引用である。

西洋的な近代教育では基本的に、複雑な対象があった場合わかりやすく要素に分解してひとつずつ系統的に教育対象としてきた。教える対象が高度化すればするほど、それは数多くの要素に分解され、小さな単元として教育の対象となる。その結果、教育対象としての専門知は細分化される一方で、私たちの生活とはかけ離れた「知」になっているように思われるのである。私たちは今、漢方医学を教育しようとした浅田宗伯と同じように、それらを再び統合するための教育を用意しなければならない。そして、そのような教育こそ「教養教育」であると、私は考えているのである。

アナログな世界のデジタル化は可能なのか

◉漢方医学のデジタル化

もともとこの対談は、私が実施している「伝統芸能デジタル化」プロジェクトの一環として行ったものである。このプロジェクトは、日本文化、日本の「知」、そして日本の「学び」が現在も生きている伝統芸能の世界をデジタルテクノロジー活用により保存した上で、さらにはその継承を支援することを目的としている。同時に、アナログな世界にデジタル的な思想をもち込むことにより何が浮き上がってくるかを明らかにしようと意図している。私はこのプロジェクトを通してつねに「アナログな世界はデジタル化が可能なのか」という視点をもっていたが、ここで「デジタル化が可能」ということは「きちんとした知」として捉えられることができることを意味していると考えていた。

浅田宗伯は、漢方医学の「知」を「医学」「医術」「医道」という三つの要素に分けてわかりやすく教育し、ある程度学習が進んだ段階で三つに分節化された「知」を再びつなぎ直そうとした。この時、第一の「医学」とは、書物に書いて表すことができる「知識」である。具体的には、生薬の性質やその組み合わせなどを示す。「医学」の継承は、中国の古典医学書や宗伯自身が著した書物を通して行われていた。この「医学」の習熟度は口頭試験によって確認されていたため、門人たちはこの試験対策として語呂合わせを用いるなど「医学」の知識の丸暗記を行っていたとする記録も残されている。この「医学」は、「専門知識のデータベース」として簡単にデジタル化できそうである。まず最初のステップでは、ひとつひとつのデータを蓄積してゆく。このとき、「検索がどれほどスムーズにできるか」を考えてひとつひとつのデータをカテゴライズしながら蓄積していけばよい。

第二の「医術」であるが、これは病人を前にして医師が行う診断技法のことを指し、四診といわれる漢方医学独特の診断方法がよく用いられていた。「四診」とは、病人の全体像あるいは舌・爪・皮膚などの部分を視覚を通してみる「望診」、病人に直接触れて行う「切診」、聴覚・嗅覚を通じて呼吸や腹振音、病人の話し方、汗や排泄物などを確かめる「聞診」、そして、病人に対して既往症や嗜好、日常生活や親の体質、時には家庭の状況までの質問をする「問診」である。

「医術」はそのすべてを言語化することは難しく、五官を駆使した「身体技法」とされていた。「医術」の継承は、診療室とその隣の部屋にあった薬局において、師匠が行う治療の様子を門人が見るというかたちで行われていた。門人にはそれぞれ役割があり、ただ座って見るというよりは治療の補助をしながら見ていたという。

「医術」も、ある程度はデジタル化できるだろう。たとえ言語化することは難しくても最先端のセンサー技術を駆使すれば脈や身体から出る音などは記録できる。また、コンピュータにより季節の変化や一日の時間帯などのデータ蓄積と分析は可能である。

人間の状態は毎日変化し続けるものだし、季節や気候によっても変化する。しかも突発的な出来事や予想外の変化は毎日のように起きるので、毎日欠かさず長期間記録し続けることが大切である。しかし、これはコンピュータの大得意とするところであり、病人のデータを毎日正確に記録し蓄積し、日々の変化も分析してくれる。季節の変化を見るためには一年を通して記録しなければならないが、コンピュータは人間のように忘れることも飽きてしまうこともない。コンピュータは人間のように疲れることを知らないから、一〇〇人のデータでも、一〇〇〇人のデータでも蓄積することが容易に可能なのである。

◉分節化した「知」をつなぎなおす

ここまでの「医学」「医術」は浅田宗伯の著述の中でもある程度整理して用いられているが、第三の「医道」という言葉はかなり広く用いられていると川口はいう。「医道」には、「医学」「医術」に当てはまらないものの漢方医学の継承において不可欠な要素が含まれている。具体的には、「医師としての心構え」「病への臨み方」「いかに病人との信頼関係を築くか」「診断の流れを知ること」「日常生活の過ごし方」などである。

この「医道」は、最もデジタル化が困難と考えられる。例えば、「医師としての心構え」「病への臨み方」「いかに病人との信頼関係を築くか」「診断の流れを知ること」「日常生活の過ごし方」などは、デジタル化にそぐわない。そして、これらは師匠である宗伯と日常生活をともにする中で門人は学んだという。徒弟制度の特徴は、この「日常生活」をともにすることにあったのである。

以上、浅田宗伯が「医学」「医術」「医道」の三つに区分して捉えた「知」それぞれについて見てきたが、そもそも漢方医学は本来、相互循環的に基礎づけ合う区別できない「知」であった。それまでは、師匠の模倣を通して漢方医学の「知」を「まるごと」継承していた。つまり、「医道」なくしては「医術」も「医学」も存在理由をもたず、逆に「医術」や「医学」なしには「医道」はただの動機や理念などとして終わってしまうということになる。ところが宗伯の時代は、外部からの西洋医学という新しい台頭勢力と、継承の行き詰まりという内部からの崩壊という二重の危機に直面していた時代だった。そのような時代だったからこそ、宗伯は「継承」というものを意識して漢方医学を後世に残そうと努力した。

私は、宗伯が本来は分節化できない漢方医学の「知」を、あえて分節化したということが、アナログな本質をもつ漢方医学の「知」をあえてデジタル化して伝えようとしたという意味において、非常に興味深いと思う。そして、宗伯が分節化した漢方医学の「知」をどのようにして「再びひとつに繋ぎなおそう」としたのかは、さらに興味深い。宗伯は弟子を「治療現場に立ち合わせる」「日常生活を共にする」など、宗伯以前の漢方医が用いていた方法を使って「ひとつに繋ぎなおそう」としたのである。つまり、ここでは第三の「医道」が特に重要な役割を担っていたのである。徒弟制度の特徴である「日常生活」をともにすることにより「世界の認識の仕方」「世界への関与の仕方」を学ぶ。そして、それはまさに「よいかげんな知」を「しみ込み型の学び」で獲得するという方法なのである。

それでは、なぜ「日常生活」をともにすることが分節化した「知」をつなぎ直すことになるのか？　以下では、師匠（教師）と弟子（学習者）が「日常生活」をともにすること、つまり伝統芸能における「内弟子制度」について検討することにより、「専門知を統合するためには何が必要か（大切か）」を探ってゆこう。

内弟子制度と寮制度

◉伝統芸能の「内弟子制度」

「内弟子制度」では、学習者が内弟子になると師匠の家に住み込み二四時間師匠と生活をともにする。しかし、正式の稽古の時間はほとんどとってもらえないのが実情であるという（生田　一九八七）。それでも、掃除や洗濯の最中にいやが応でも師匠が他の弟子に稽古をつけている声は聞こえてくるし、その様子も手に取るようにわかってくる。つまり、内弟子の最大のメリットは、他の人よりも多くその世界に接することができるという点である。生田は、「わざ」の習得においては当の「わざ」の世界に身をおく、潜入させるという要素が極めて重要な要素になっているとした上で、次のようにいう。

このように、「わざ」の習得における掃除、洗濯、炊事といった、「わざ」には直接関係しない事柄をこなすことの教育的意義は、「わざ」の世界全体を流れる空気を自らの肌で感じ、師匠の生活のリズム（呼吸のリズム）を、そしてさらには当の「わざ」に固有の「間」を自分の呼吸のリズムとしていくことができるということ、認識の観点から言い換えるならば、「形」の習得以外の事柄を「なくてはならないもの」として身体を通して認識し、「形」と「形」との関係、さらには「形」とそれ以外の事柄との間の意味連関を身体全体で整合的に作り上げ、そうした状況全体の意味連関のなかで自らの動きの意味を実感として捉えていくことができるという点に集約できよう。（生田 一九八七）

◉「寮制度」復活に関する議論

私は、このような日本の伝統芸能における「内弟子制度」というシステムは、近年盛んになってきた大学教育における「寮制度」の復活に関する議論にとって非常に示唆的であると考えている。例えば、京都大学は二〇一一年四月からスタートした「京都大学大学院思修館」プログラムにおいて、全寮制の教育を採用している。このプログラムは、「学内外の卓越した教員・指導者との対話並びに産官学の協働により、多様な専門分野を俯瞰できる総合的学識を醸成し、環境問題、エネルギー問題、食糧問題、パンデミックなど地球規模の課題のような様々な要因が複合的に関連する複雑な課題の解決策を提起・実践し、新技術の創発や社会実装に繋ぐことができるリーダーの育成」を目的としている（京都大学大学院思修館設置準備室『平成二四年度「京都大学大学院思修館」プログラム履修要項』）。そのために「深い専門性と高度な知識を広く修得し、柔軟な思考力と判断力及び実行力を養い、多様な社会において多くの人を先導できるリーダーたり得る資質と能力を有する人材を、産業界・経済界・官界並びに国際機関等とともに本学の総力を上げて養成」することを謳っている（同）。

このような目的を実現するために全寮制の教育を採用していることについては、「このプログラムでは、グローバルリーダーに求められる異文化社会におけるリーダーシップ力を育成する教育研究環境づくりを目的として、異文化及び異分野出身の学生が昼夜を分かたず切磋琢磨し交流できる、本学伝統の対話型高等教育研究を実施するため、学生に研究と学習に集中できる日常生活の場として、また熟議や講義のための場として合宿型研修施設を整備します」としている（同）。「学寮」の教育的メリットとしては一般に「学修時間の確保」と「留学生も含めた寮に居住する学生間のコミュニケーション」があげられているが、ここにおいてもその効果が最大に期待されている。

以上のように、近年になり日本でも話題になることが多い大学における寮システムであるが、欧米の伝統的な大学においては古くからその効果が認められている。例えば、スタンフォード大学では寮が整備されていて、「みんなが物理的に同じ場所にいる」ということを可能にしている。同じ専攻の仲間がいつも一緒にいて、定期的に与えられる課題をグループでやらなければならない。つまり、意図的にみんなが協力し合うということを自然発生させている。

◉「閉じ込める」というシステム

梅田と飯吉は対談の中で、欧米の大学では「閉じ込める」というシステムが意図的に作られ、学生や教員たちに対し「場所・時間・様々な活動」をできるだけ共有させていこうとしているとしていることに着目している（梅田・飯吉二〇一〇）。大学寮はもちろんのこと、それ以外にも大学キャンパス内に様々な「閉じ込める」システムがあるという。例えば、マサチューセッツ工科大学（MIT）など北米の大学では、「学びのサロン」的なスペースや「自由な学習の場」がキャンパス内に設けられており、いつも大勢の学生や教員で賑わっている。また、大学図書館の「オンライン化・デジタル化」により図書館内に空きスペースが増えたが、その空いた空間を「学びのサロン」のようにして使おうという発想が出てきたという。

さらにアメリカの大学では、学生の好きそうなファーストフード店をキャンパス内に設置するなど居心地の良いコミュニティ空間を積極的に用意し便利なサービスを提供することにより、学生や教員を大学キャンパスの中にとどめておこうと工夫している。物理的な境界線ではなく、目には見えない「コミュニティ空間の境界線」によって囲い込もうと相当な努力をしているのである（梅田・飯吉二〇一〇）。

ここで非常に重要なことは、「閉じ込める」というと「閉じ込めて強制的に知識を詰め込む」と考えやすいが、それはちょっと違うということである。確かに、教師と学生が同じ空間にいてつねに顔を合わせていれば「知識をたたき込まれる」ということも多々あるだろう。しかし、「閉じ込める」ことの本当のメリットは、そこに「学びの共同体」が生まれ「知識をたたき込まれる」時間以外の様々な状況においても自発的な「学び」が生まれるということにある。このようなシステムは、日本の伝統芸能においてその特徴としていた「内弟子制度」つまり「しみ込み型の学び」と類似している。

本書ではこれまで、「よいかげんな知」や「しみ込み型の学び」を近代西洋の考え方とはまっこうから対立する東洋的なものという枠組みで説明してきた。しかし実は、「よいかげんな知」や「しみ込み型の学び」の考え方は、欧米の伝統的な大学では現在でも立派に息づいているのである。

◉伝統的な仕立屋の「学び」

ここに、「学び」の共同体において学習者がどのように「主体的な学び」を行っているかを示す認知科学の研究がある。それは、レイヴとウェンガーが行ったリベリアの伝統的な仕立屋に関する調査研究である（Lave and Wenger 1991）。

レイヴらが研究対象としたのはリベリアの仕立屋で、彼らの店は商業地域の外周にある川岸の狭い道に沿ってぎっしりと建ち並んでいた。それぞれの店では数人の親方がいて店を経営し、服を仕立て、また複数の徒弟を監督していた。彼らの日常的な仕事は最下層の人びとが着る服やズボンを作ることだったが、しばしばフォーマルな衣服や高級スーツを作ることもあった。

徒弟制の期間は平均五年だったが、徒弟はこの間に衣服を作る全過程を学習する。はじめて親方の元についた徒弟は、まずはじめにアイロン掛けやボタン付けのやり方といった製品の仕上げの段階の作業を、実際の生産工程に加わりながら学んでいく。この初歩の段階が終わると次に縫製のしかたを学び、最後に布地の裁断のしかたを身につける。

レイヴらは、このように実際に洋服が生産される工程とは逆のステップで徒弟の学習過程が構造化されていることは、学習主体である徒弟にとって仕立ての技術を学んでいく最良のステップであると考える。アイロン掛けやボタン付けの作業を行うなかで、洋服のおおまかな構造を知ることができる。学習の最初に、衣服構成の輪郭に徒弟の注意を向けさせる効果があるというわけである。つぎに縫製の過程で、洋服を構成する布地それぞれの関係が理解され、そのように布地を裁断する理由が理解される。縫うことで彼らの注意を異なる布切れが縫い合わされる論理（順序、定位）に向けることができる。そこではじめて、それらがなぜそのように裁断されているかがわかる。そうした理解にもとづいて、最終的に自分で型紙をつくり布地を裁断することができるようになる。このように、それぞれのステップがいかに前段階が現在の段階に貢献しているかを考える無言の機会を提供しているとレイヴらはいう。

さらにこの順序づけは、失敗経験、とくに重大な失敗経験を最少にする。これらの過程は、全過程とも決して練習ではなくすべて「本番」である。間違った裁断をして布地を全部無駄にしてしまうような致命的な失敗は、決して許されない。しかし、アイロン掛けやボタン付けの作業は多少の失敗が許される、修復可能な作業なのである。

以上のようにレイヴとウェンガーは、リベリアの伝統的な仕立屋では近代教育とはまったく異なる学習過程が有効に機能していることを紹介した上で、「正統的周辺参加 Legitimate Peripheral Participation」の考え方を提唱している。

まず、正統的・周辺・参加の「正統的」ということであるが、例えば徒弟はまずはじめにボタン付けを手伝わされる。「ボタン付けだったら、あとで修正がきくからやらせている」というわけである。しかし、ボタンは見えるところに付けるのだから、非常に大切な仕事である。そういう大切なことに初心者である徒弟が参加する。そのことが、本来「学び」というものは当初から「正統的」だという考えを生みだした。

レイヴとウェンガーの研究を日本に紹介した佐伯は、「学び」には本来「嘘がない」にもかかわらず、学校での学びは嘘っぽくみえるかもしれないという（佐伯　一九九三）。それを知ったからといって世の中がよくなるとは思えないし、勉強はテストのために頭のなかに「知識」を詰めこんでいるだけで、自分が世の中と関わりをもっているという実感がほとんどないという主張である。人びとが学びあっている世界では、人間が生きていることの真実性・妥当性の実感、つまり、「このことが（先行き）さまざまな真実の世界とつながっている」という実感がついてくる。そのことを、レイヴらは「学びは本来、正統的だ」というのである。そして、「大切なしごと」の予感につられて学ぶ姿こそが「正統的な学び」なのだという。

つぎに、正統的・周辺・参加の「周辺」ということであるが、これはどのような学びでも本来は周辺から始まるということである。例えば徒弟制度の場合、徒弟が最初にまかされる仕事は影響力の少ない、失敗しても問題にならないような「周辺的な」仕事からである。アイロン掛けにしてもボタン付けにしても非常に大切な作業であることには違いないのだが、それは失敗しても大きな影響のない仕事であり修正が可能である。しかし、全体の仕事のなかでの役割ははっきりしており、失敗すればそれだけ損害は生じるわけで、その責任から逃れるわけにはいかない。ただ、そのダメージを容易にカバーできるような仕事だというわけである。

最後に、「参加」という概念だが、これは正統的周辺参加の考え方でもっとも大切な概念である。どのような初心者でも、メンバーの一員として何らかのコミュニティあるいは共同体に加わるということである。コミュニティの人たちと出会い、「仲間入り」することによって実感をもって学ぶ。そうでなければ、獲得した知識はほとんど「リアリティ」がないものになってしまう。何らかのコミュニティや共同体に加わり、そこで「学ぶ」ことが本当の学習であることを、レイヴらの研究は示している。

レイヴとウェンガーが提唱した「正統的周辺参加」はその後、認知科学における「学び」に対するひとつの考え方として様々な「学びの場」で応用されている。

むすびにかえて

◉高校までの教育と大学における教育

近年、高校教育と大学教育の連携が話題になっており、例えば大学教育を受ける前提となる基礎知識を大学生が入学前後に学び直す補習教育としての「リメディアル教育」は、現在一般的になりつつある。また一方で、高校までの教育と大学教育の間には「教育としての質的な違いがある」という考えも伝統的に存在する。大学教育はあくまでも「研究」を前提として考えるべきとする意見である（例えば、舘二〇一二）。

本章の前半で私は、「教養教育」について、高校までの「きちんとした知」を「教え込み型の教育」を通して獲得するという学習スタイルから「よいかげんな知」を「しみ込み型の学び」を通して獲得するという学習スタイルへの移行期という役割を担わなければならないという考え方を示した。確かに、高校までの教育にとって「大学入試」という存在が大きいことは否定できない。現在のような大学入試というシステムがある限り、高校の教育はどうしても「きちんとした知」を「教え込み型の教育」を通して獲得するという学習スタイルにならざるを得ない。

それに対し、大学における専門教育には、伝統的に「よいかげんな知」を「しみ込み型の学び」によって獲得するという側面が残っている。例えば、未だ「ゼミ」や「研究室」というコミュニティが残っており、学年の違う学生や大学院生、そして教員が一緒になってひとつの研究テーマに取り組む。ここでは教員と学生がひとつの研究テーマを媒介として日常的にコミュニケーションをもつことにより専門領域において暗黙に前提されている知識や考え方を学び、また人格的な影響も受けているのである。このような状況はまさに「正統的周辺参加」と一致する。

例えば、理系の学問領域では「実験」が重要な教育となるが、そのような授業では教授や研究室の先輩が「教師」というよりはむしろ「研究者」として学生と関わっている。それは、ある意味で伝統芸能の「師匠と弟子の関係」に似ているかもしれない。そのような現場では、その分野における専門知識や専門的なスキルの獲得に加え、教授の研究者としての「生き方」を知ることや先輩の「研究」に向き合う姿を見ることなどが大変重要な勉強となる。これらは「教えられて理解する」

というよりは「身近にいて学びとるもの」あるいは「いつでも一緒にいると何となくわかってくるもの」であろう。

また、文系の学問領域でも、例えば教育心理学や社会心理学などには「実践」や「調査」がある。そこでは理系の学問領域と同じように、教授や先輩と一緒に活動することにより「しみ込んでくるような学び」があるだろう。さらに、「何もないところから自分自身で何かを生み出す」ために必要な「知」を自ら学びとってゆくということが重視される。さらに文献研究を中心とするような学問においても、研究者として、あるいは人間としての「生き方」や研究に対する姿勢などを教授や先輩から学ぶことが、その後の研究の発展にとってとても大切になってくる。

このように大学の専門教育には、高校における「きちんとした知」を「教え込み型の教育」を通して獲得するという学習スタイルとは大きく異なった特徴がある。この点は、大学教育において大学のもつ「研究」という機能・役割と切り離すことができないという本質に由来している。

さて、高校までの教育と大学における専門教育の間にこのような大きな「学び」の違いがあるとしたならば、その間に存在している「教養教育」の役割はどのようなものになるのだろう？　私は「教養教育」を、高校までの「きちんとした知」を「教え込み型の教育」を通して獲得するという学習スタイルから「よいかげんな知」を「しみ込み型の学び」を通して獲得するという学習スタイルへの移行期であると考えている。つまり、「両者の橋渡し」の役割である。高校までの「きちんとした知」を「教え込み型の教育」で獲得するという学習スタイルに加え、「よいかげんな知」を「しみ込み型の学び」で獲得するという学習スタイルのトレーニングとなるのが大学における「教養教育」だと考えているのである。

このような「教養教育」によって身につくのは、漢方医学教育を例にあげて見てきたように専門教育に進むために必要な力に加え、個々の科学的領域においてすでに知られている知識を総合し組織化するための能力、換言すれば高度に専門的な知識や技術を文化や社会の全体構造の中で総合するための基礎的な能力である。

大学教員がもつ専門性は、決して研究の最前線でのみ役立つものではない。大学受験のために「きちんとした知」を「教え込み型の教育」を通して獲得するという学習スタイルになれている大学生に対し、「教え込み型の教育」によって獲得した「きちんとした知」が必ずしも日常世界で正しいとは限らないこと、そして「本当は何が真実なのか」を教えることができるのは、高度の専門性を身につけている大学教員である。「専門性に優れている人」とは「専門領域の知識をたくさんもっている人」ではなく、その「知」に関して様々な経験を積み、独自の価値観や世界観をもっている人なのである。

学生にとって、自分が知らなかった価値観や世界観を学ぶことは楽しいことだし、そのような様々な価値観や世界観を学び、その中から自分の「好きなもの」「自分に合いそうなもの」を見つけ出すのが「教養教育」の役割ではないだろうか。そして、そのような過程の中で、それまで身につけてきた「きちんとした知」を「教え込み型の教育」を通して獲得するという学習スタイルに加え、「よいかげんな知」を「しみ込み型の学び」で獲得するという学習スタイルを身につけてゆくのである。

第4章　日本の「学び」とアクティブ・ラーニング

はじめに

◉大学教育で注目される「アクティブ・ラーニング」

近年、大学教育に関する議論の中で「アクティブ・ラーニング」という言葉を耳にすることが多くなった。

アクティブ・ラーニングとは「能動的な学習」であり、教員が一方的に知識の伝達を行う講義スタイルに対する反省から出発している。これまでの講義スタイルにおいて学生は、ひたすら伝達される知識をノートに書き留め記憶するという作業に終始する傾向があるというのがその反省の理由である。このような講義スタイルを改め、大学教育では学生自らの能動的な活動を取り入れた授業スタイルを採るべきであるとの考えから「アクティブ・ラーニング」に関する議論が盛り上がっているのである。このスタイル変更により、学生は知識だけでなく、スキルや態度などの汎用的技能

（ジェネリック・スキル）の育成や創造力の育成にも大きな効果が認められるとされる。

◉アクティブ・ラーニングの種類と特徴

「アクティブ・ラーニング」を取り入れた具体的な授業形態として、溝上は「学生参加型授業」「各種の共同学習を取り入れた授業」「各種の学習形態を取り入れた授業」そして「ＰＢＬ（Project/Problem Based Learning）を取り入れた授業」の四つを示している（溝上 二〇一二）。「学生参加型授業」ではクリッカー（レスポンス・アナライザー）で授業の理解度を随時チェックすることにより、学生が積極的に授業に参加することを促す。また、授業の最後に小テストをしたりミニレポートを書かせることにより、学生の理解度を確認することができる。また、「各種の共同学習を取り入れた授業」の例として、溝上は協調学習・協同学習を、さらに「各種の学習形態を取り入れた授業」の例としては、課題解決学習、課題探求学習、問題解決学習、問題発見学習をあげている。典型的には、学生をグループ化し協同で作業をさせたり議論させたりすることによりひとつの課題を解決するという授業形態である。このような授業では、学生自身が対象について調べる、考える、まとめる、発表する、そして他の人と議論することが求められ、そのプロセスを通して「主体的な学び」の能力が育成されると考えるのである。四つ目の「ＰＢＬを取り入れた授業」では、例えば「震災復興ボランティア」のプロジェクトに学生自身が参加し、実際に様々な体験を重ねることによって様々な能力を身につけることを意図した授業スタイルである。

このような「アクティブ・ラーニング」は、外見的には伝統芸能の世界における弟子（学習者）

の「学び」と類似している。伝統芸能を学ぼうとする弟子は、師匠から懇切丁寧に指導を受けるというよりは自ら主体的にその世界に入り込み、その中で主体的に学ぶ。そして、その中で様々な知識や「わざ」を獲得してゆく。

そこで本章では、「アクティブ・ラーニング」と伝統芸能における弟子（学習者）の「学び」を比較・検討することによりその共通点や相違点を明らかにすることによって、大学教育に役立つヒントを探ってゆく。

「伝統芸能デジタル化」プロジェクトからの知見

◉伝統芸能はどのように継承されるか

ここでもまた、私がこれまで実施してきた「伝統芸能デジタル化」プロジェクトを通して検討を深めてゆきたい。

このプロジェクトで私が対象としたのは、青森県八戸市本八戸駅近くに位置するおがみ神社で約三〇〇年前から受け継がれてきた八戸《はちのへ》法霊神楽《ほうりょうかぐら》である。私はこの神楽に、あえてモーションキャプチャや3DCGなどのテクノロジーをもち込んだ。伝統芸能の世界にデジタルテクノロジーをもち込むことで逆に、日本の「学び」の特質が浮き上がってくると考えたのである（渡部 二〇〇七）。このようなプロジェクトを実施する中で大学教育のヒントとなるような様々なことが見えてきたが、最初に、プロジェクトの概要を簡単に紹介しておこう。

八戸法霊神楽の歴史は古く、享保六年（一七二一年）に豊作の願いを込めて舞を演じたという記録も残っている。第二次世界大戦後、農村の荒廃によって後継者が減少し伝承の危機に直面した。そこで、氏子たちが地元の青年を中心に呼びかけて神社直属の神楽を結成した。八戸周辺に住む優れた神楽の師匠を招き習得に努め、徐々に法霊神楽として整った形になっていった。その後今日まで、地域社会の神仏信仰と深いかかわりをもちながら伝承されてきた。一九八六年には、青森県の無形民俗文化財にも指定されている。

演目には、権現舞《ごんげんまい》や山の神舞などのほか、曲技的な杵舞《きねまい》や剣舞《つるぎまい》などがあり、毎年五月の「神楽祭」や八月の「八戸三社大祭」などで披露される。特に、八戸三社大祭の神輿徒御《みこしとぎょ》の行列で行われる多数の獅子頭による一斉歯打ちは、毎年多くの見物客を魅了している。

ところで、八戸法霊神楽は子どもたちに対しその伝統を継承してゆこうと熱心である。特に、神楽士会の会長を務める松本徹氏は、若い頃に東京の大学を卒業し都会で数年会社勤めをした後八戸に戻ってきたこともあり、郷土の伝統芸能に対しては並々ならぬ愛着をもっている。

子どもたちに対する稽古は週に一回、おがみ神社で行っている。子どもたちは学校が終わったあと食事を済ませ、三々五々神社に集まってくる。七時になり指導者である松本氏が到着すると、一同祭壇の前に正座し柏手を打って拝礼を行う。

その後、稽古にはいるが、例えば「権現舞」の稽古については、まず祭壇横にある獅子頭を備えてある棚からその日自分が使用する獅子頭に対し頭を下げたあと丁寧に棚から取り出す。そして、指導者の打つ太鼓、笛に合わせて、あるいは「ドンスコドドスコドン……」というような口拍子に合わせて稽古を行う。そして夜八時三〇分、稽古終了となる。

稽古が終わった後も、すぐに解散とはならない。まず、自分が使用した獅子頭の片付けをする。その後、祭壇の前で指導者を最前列にして、全員が本日の稽古終了の報告とお礼をこめて柏手を打って拝礼してから解散となる。このように、稽古を始める前と後の「儀式」をとても重視するのである。

松本氏は、次のようにいう。


神楽では、神様に対してはもちろんですが、お父さんやお母さん、そして目上の人に対する敬意の心を大切にしてほしいと思っています。だから挨拶はきちっとするように、子どもたちにはいつも言っています。（松本師匠）

◉八戸法霊神楽のモーションキャプチャ

モーションキャプチャは、秋田県たざわこ芸術村にある「わらび座デジタル・アート・ファクトリー」で実施した。法霊神楽の松川由雄大師匠（モーションキャプチャ収録時七四歳）と松本師匠（同じく四〇歳）にお願いし代表的な神楽の舞を収録させていただいた。

モーションキャプチャのスタジオには、磁界発生装置（トランスミッタ）と呼ばれる四角い箱が二つ五メートルほど離して置かれていて、この磁界発生装置によりスタジオに磁界ができる。踊り手の関節間に一一個の磁気センサーをつける。スタジオにできた磁界と磁気センサーが反応し、誘導電流がセンサー内に生じる。その情報は、背中に背負った送信機からサーバに無線で送られる。サーバはその情報を解析し、各々のセンサーについて磁界における位置と回転情報を取り出すことができ、モーションキャプチャのデータ収録が可能になる。このデータを別に制作したＣＧキャラクタに流し込めば、そのＣＧキャラクタはリアルに動き出し完成となる（詳しくは、渡部 二〇〇七 参照）。

最先端のテクノロジーであるモーションキャプチャを活用して伝統芸能の伝承を支援しようと意気込んでいた私であったが、本当のことをいえば、当の大師匠はそれほどこの試みに対して積極的であったわけではない。私たちは打ち合わせのため、スタジオ脇にある休憩室に集まった。お菓子を食べながらの打ち合わせであったが、モーションキャプチャについてほとんど知識のない松川師匠は明らかにかなり緊張していた。七四歳という高齢者にとって、テクノロジーに対する根強い違和感があるのかもしれない。そして、「テクノロジーでは神楽を伝えることはできない」という思いが強かったのかもしれない。

私たちは、松川師匠がなんとか踊る気になるように様々な提案を出した。例えば、踊りやすいようにという配慮から「ジャージで踊っても結構です」と提案をした。しかし、その提案は「祭りの衣装を着ないと踊れない」ときっぱりと拒否された。お囃子を録音したＤＶＤを持参していることを告げると、「録音では踊れない」と言う。舞とお囃子は切り離すことができない一体のもので、録音だったらむしろない方が踊りやすいと言う。恐る恐る「センサーを身体中につけ、背中には約一キロの送信機とバッテリーを背負う」ことを告げると、「それでは、でんぐり返しができない」と険しい表情で言った。しかし、神楽士会の会長でもある松本氏が「伝統的な舞を後世に伝えるため」と情熱的に松川師匠を説得してくださった。その情熱により松川師匠はやっと少しだけやる気を示してくれ、とりあえず準備を始めることになった。

スタジオに入ってからも、松川師匠の不安は私にも伝わってきた。がらんとしたスタジオの中に、モーションキャプチャの磁界発生装置やコンピュータだけが異様に目立っている。このような空間は、少なくとも本来の舞の場である神社とはまったく雰囲気が異なっていた。松川師匠は、モーションキャプチャの磁界発生装置を不安げにながめたり、約一キロある背中に背負う送信機とバッテリーを持ち上げては「大丈夫かなあ」とつぶやいたりしていた。それでも、そわそわと衣装ケースから衣装を取り出し、権現様（獅子頭）や杵舞に使う杵、剣舞の剣などの準備を開始した。

一方、わらび座のスタッフは、スタジオの壁際に神棚を作り始めた。これまで様々な民俗芸能をモーションキャプチャした経験から、民俗芸能にとって神棚が非常に重要であることを十分に認識していたからである。それと同時に、神棚の存在は彼らにとっても重要であった。なぜなら、神棚がどこにあるかによって舞手の位置とその動きが予想できるからである。磁気式モーションキャプチャでは、磁界発生装置によってスタジオ内に磁界を作るが、わらび座のスタッフにとっては可能な限り良い磁界の状態でモーションキャプチャしたいというわけである。

しばらくの間、松川師匠はわらび座のスタッフが神棚を作っていることに気づかなかった。しかし、それに気づいた瞬間、態度が一変した。この神棚には、権現様を中心に休憩室にあった御神酒と塩が添えられてあった。神棚の台はそれまでパソコンを置いていた台であったが、そのようなことはどうでもよいことであった。松川師匠にとって「そこに権現様（＝神様）がいる」ということだけで、その空間はそれまでとはまったく違う意味をもつ空間になったのである。つまり、その空間は神社の空間と同一のものになった。松川師匠の表情は、明らかに変化した。そして、神棚に近づくと台の上を自ら整え始め、「米もないとだめだな」と米を要求した。わらび座のスタッフは、米を調達するために隣接しているホテルの厨房へ走ることになった。しかし、この神棚をきっかけに松川師匠のやる気に火がついた。同時に、それまでは不安な気持ちがあふれていた顔つきが、師匠の顔つきに変わった。松川師匠は、松本氏に対してきぱきと指示を出しながら舞の準備を進め始めた。それを傍らで見ていた私は、「神楽にとって神棚の存在がいかに大きいか」を実感すると同時に、神楽にとって「舞の場」というものが非常に重要であることを認識したのである。(3)

伝統芸能の世界で大切なこと

◉「間違うこと」は悪いことか

伝統芸能や民俗芸能というのは、意外とあいまいなものかもしれない。お囃子はいつともなく始まり、舞はそのお囃子を聞きながら適当なところで始まる。お囃子に合わせて舞を踊っているわけでもなく、舞に合わせてお囃子を演奏しているわけでもない。舞手とお囃子が何となくお互いに「いき」を合わせながら始まり終わる。お囃子が多少ずれたところで、あるいは舞がお囃子から多少ずれたところで、それはまったく問題がない。また、実際に祭りで踊るときには、多少間違ってもまったく気にしないという。

モーションキャプチャでは、「間違ってはダメだ」という気持ちになって踊りづらかった。舞台では多少間違っても気にならない……それがかえってライブ感につながる。（松本師匠）

実際、神楽祭の時には松川師匠ですら扇子を落とすことがあったが、まったく気にしていない様子である。逆に、これがライブ感であり迫力になる。神楽に初めてであったとき、私はこのような「あいまいさ」や「いい加減さ」に少し違和感をもった。しかし、何年か神楽に接しているうち、私はこのような「あいまいさ」や「いい加減さ」を「快い」と感じるようになってきた。そして、神楽の世界、伝統芸能や民俗芸能の世界、そして日本文化の世界には「良い加減」と表現されるような側面が存在していて、それが日本文化の本質であり、継承が何百年と続くための絶対条件であることに気がついた。

神楽には特定の教本もなく、また師匠が秘伝のノートを持つことも多くはない。頼りは師匠の記憶、特に身体が覚えている記憶である。弟子は長い時間をかけその模倣を繰り返し行い、少しずつ身体にしみ込ませてゆく。ビデオに録画し自宅でも練習すればよいのにとも思うが、そのようなことをしなくとも「神社に来て繰り返し稽古をすれば自然にうまくなる」と師匠は言う。師匠は一挙

（3）神楽のモーションキャプチャにおいては、ここで紹介したエピソードの他にも多くの大変興味深いエピソードを経験した。詳しくは、拙著『日本の「わざ」をデジタルで伝える』（大修館書店二〇〇七）で紹介した。

手一投足、正しく伝えたいとは思っていない。舞の形はその時代によって変化するものだし、その人の個性によっても変化する。

師匠から教えられた内容を常に忠実に踊っているわけではなく、自分で踊りを変化させたりしている。……師匠の中には、あれはかっこいいなと言って付け足した人もいれば、あれ面倒くさいなと言って抜いた人もいる。（松本師匠）

彼らには「伝統は変化する」という前提がある。もちろん、舞手個人も変化する。若いときには速くダイナミック。そして、歳をとるにしたがいゆっくり意味を伴って奥深くなる。また、観客の要望や反応によってもどんどん舞は変化してゆくと言う。

歳をとってくると踊れなくなってくるが、味が出てくる。歳相応の踊りがある。（松本師匠）

時代が「派手」を好むようになれば、それとともに舞は派手になってゆくかもしれない。また、他の神楽の組（グループ）との違いを見つけて、独自性を大切にしてゆくこともあると言う。いずれにせよ、最も大切なこととして松本氏は次のように繰り返し言っている。

権現様（神様）を楽しませることができれば、多少振りなど間違っても問題はない。（松本師匠）

神楽以外にも、例えば茶道の世界では手前を間違えても、先生は「だんだん慣れてくるから今はできなくとも大丈夫だよ」と言って次の手前に移ってしまうのは「よくあること」である。

◉状況に合わせて「手を抜く」

モーションキャプチャには様々な制限があり、収録時間というのもそのひとつである。神楽に対しはじめてモーションキャプチャした二〇〇五年当時、バッテリーは二〇分しかもたなかった（現在では技術が進歩し収録時間は長くなっている）。さらに、収録したデータは膨大な量になりそれを処理するために膨大な時間を要するため、エンジニアとしては可能な限り収録する時間を短くしたい。このことが松川師匠と松本氏に説明された。その説明を聞いて彼らは、「特に問題ない」と言った。そして、次のように付け加えた。

「わかりました。それでは、面白そうな所だけを適当につなげて踊りましょう」。

「それで大丈夫ですか？　形が崩れたりしませんか？」という私の質問に対して、「いやあ、問題ないです。よくあることです」と松本氏は答えた。そのやりとりを聞いていた松川師匠も、次のように付け加えた。

「結婚式で踊るときなんかはひどいよ。正式に踊れば二五分かかる舞を五分で踊れって言うんだから」。

私が実際に神楽祭で見たときには逆であった。二五分の舞が三〇分も四〇分もかけて踊られる。そして、予定されていた演目が時間切れで削除されるということがよくあった。私は長年神楽と接しているうちに、彼らは「状況」に合わせて舞を省略したり繰り返すというように、その長さをコントロールしていることに気がついた。

神楽の舞は、様々な「部分」をつなげてひとつの舞にするという。気分が乗れば同じ部分を何回も繰り返して舞を盛り上げる。ただし、このときの繰り返す回数は、三、五、七のような奇数繰り返しという決まりがある。時間のない時には、いつもは三回舞うところを一回で済ますこともあるという。これは「手を抜く」と表現するが、もちろん「さぼる」「気を抜く」ということではなく、舞の「手数」を抜くということである。このようにして、全体の時間を調整するという。

さらに、松川師匠によれば「ゆるむ（＝疲れる）ので、手を抜く」という。この場合の「手を抜く」ということも、「気を抜く」ということではない。歳をとると、「転がる」という動作や「刀をくわえる」という動作ができなくなる。また、大祭などで続けていくつも踊るような場合には疲れる（ゆるむ）ので、いくつかの動作を行わない（あるいは簡略化する）ことがある。そのように動作を省くことを「手を抜く」という。もちろん継承の場面においては、「俺はこうするが、おまえらはこうはするな」と指摘する。例えば、師匠はひざが悪く床につけられない時も多々あるが、そのような場面を弟子に教える時は、「おまえらは、ちゃんとひざを床につけるんだぞ」と指摘すると言う。

◉「よいかげんな知」を学ぶ

神楽は、「よいかげんな知」があふれた世界である。そして、「よいかげんな知」は「複雑な対象を複雑なままに捉えるための知」でもある。「きちんとした知」のように「複雑なものを要素に分解し単純化する」ということをせず「複雑なまま」扱おうとする。そのため、理解したり扱ったりできるようになるためには時間がかかる。普通それは、何度も「きちんと」繰り返すことにより「しみ込み型の学び」によって獲得される。何度も「きちんと」繰り返しているうちに、その「知」は深まってゆくのである。

神楽は、練習をすればするほど余裕が出てくる。余裕が出ると身体があまってくる。その余裕を埋めるのが「あや」である。
（松本師匠）

舞の稽古を繰り返すことによって「身体《からだ》があまってくる」と神楽の師匠が言っていることは、「よいかげんな知」獲得の様相を的確に示している。舞を何度も「きちんと」繰り返すことによって、「間」や「空気」が見えてくる。

「きちんとした知」と「よいかげんな知」の関係について、私は第1章で次のように定義した。

「よいかげんな知」＝「きちんとした知」＋α

「よいかげんな知」は、このような「きちんとした知」に加わる「＋α」が非常に重要である。そして神楽の場合、この「＋α」は「間」や「空気」を捉える能力なのである。

八戸法霊神楽の神楽祭に一〇年以上にわたり毎年通っていると、暑い日もあれば寒い日もあるし、時には雨が降っていることもある（神楽祭は八甲田山頂にまだ雪が残っている五月に開催される）。しかし、師匠の舞はいつも同じようにすばらしい。それでは、師匠はモーションキャプチャで収録した舞をいつでも正確に再現しているかといえば、決してそうではない。師匠は自分の体調や観客に合わせてその日に踊る演目を柔軟に変えたり、舞のスピードを柔軟に変えている。さらに、その日の天気や温度によって、どのように踊るのかを微妙に変化させている。しかし結果的に、その舞は上手である。つまり、師匠はその本質を変えることなく状況に合わせて柔軟に踊ることができる。師匠はこのことを「身体が覚えているから」と表現し、それは「完璧な舞」を目標とするのではなく「だいたいで良い（師匠の言葉）」というようなものである。そして、子どもたちにもそのような「あんばい」を伝えたいと言う。また、子どもたちは、このような師匠の存在にあこがれをもち、「師匠のようになりたい」と願って稽古に励む。

「よいかげんな知」は状況に依存している。そして「状況」は、天候、体調、時代などによってつねに変化している。そのためいったん獲得した「知」であっても、いつも正しいとは限らない。しかし、もし状況が変わって結果的に「間違い」を起こしても、その都度その状況に合わせて変化してゆけるのが「よいかげんな知」の特徴である。だから、伝統芸能は時代が変わっても長い間続く芸能になる。

「複雑なもの（こと）を複雑なままに捉えるための知」である「よいかげんな知」は、確かにこれまでの近代教育のパラダイムからすれば違和感があった。しかし、これまでのパラダイムが行き詰まっている今日、この新しい考え方を大学教育にも取り入れなければならない、と私は考えている。

このような「よいかげんな知」を「しみ込み型の学び」を通して伝えてゆくという日本的なやり方で、結果的に八戸の神楽は三〇〇年以上にもわたって引き継がれてきたのである。

「学習」と「学び」の違い

◉「学習」と「学び」の大きな違い

ところで、認知科学では「学習」と「学び」を明確に区別して研究対象としてきた（渡部 二〇一〇）。松下良平は、「何を学習するのか」という明確な目標が存在するのが「学習」であるが、「学び」にはそのような明確な目標は存在しないとする（松下 二〇一〇）。

「学習」では、「何を学習するのか」という明確な目標を立て、その目指す目標に向かって学習を進める。めざす目標がなければ人は学べないし、学ぶ動機も得られないと考える。このとき、その目標は「希望する大学に入るため」「あこがれの職業に就くため」「自分らしく生きるため」など様々であり、あるいは「楽しいから」とか「やらないと将来が心配だから」などが動機になることもあるだろう。「何を学習するのか」という明確な目標が決まれば、あとはそれに向けてどのような教材を使い、どのように教えるかが重要になる。これが近代教育の常識であり、私たちはこのような学習観、教育観に対しまったく違和感をもたない。

しかし松下は、このようなパラダイムは近代西欧に誕生したものであり、歴史的・社会的には特殊なものにすぎないという。つまり、目標に向けて合理的に人間づくりをするという意味での「教育」は一五世紀の西欧において錬金術をモデルにした考え方であり、一九世紀半ば以降の学校教育制度の発展とともに広がっていったにすぎない。松下はこのような「国民国家の発展に伴って勢力を拡大していった「学習」は、産業社会以降に支配的になった活動様式としての労働（labor）の一つのバリエーションとしてみなすことができる」として、次のように「労働」と「学習」の共通点を見いだしている。

> 両者とも自己（個人や集団）の利益や欲望充足を得るための手段にすぎず、労働や学習それ自身は苦役でしかない。より小さい苦労でより大きな成果や利益をあげるものが最もすぐれた労働や学習ということになる。
>
> （松下　二〇一〇）

さらに、「一旦目標が設定されたらあとはもっぱら目標達成のための方法に関心を向ける」という点で、「労働」と「学習」は一致している。したがって、労働と同様に学習もテクノロジーとの相性がいい。テクノロジーの発展こそが労働や学習をより確実で効率的なものにし、さらにはそれらに伴う苦痛を軽減してくれるからである。

このようなパラダイムのもとでは、学習を効率的に行うために様々な手法が生み出される。例えば、本来は工場での「物づくり」のために開発された「PDCAサイクル」と呼ばれる生産工程・業務管理を行うためのシステムが、「人づくり」というとらえ方から学校現場へ導入された。これは「Plan（計画）➡Do（実施）➡Check（評価・検証）➡Action（対策）」という流れにそって学習を行うことにより、学習をいっそう合理的にコントロールしようとする。このシステムを「教育」に導入することにより、まさに工場における「物づくり」と同じように効率的に「人づくり」が可能になるというのである。

さらに近年、学習の「評価」が必要以上に重視されるようになってくると、学習内容を知識や技能の「測定可能」な部分に限定しようとする考え方や、学習内容を具体的な行動に置き換えることにより高い評価を得ようという考え方が登場するようになる。そして、短期間で確実に学習成果をあげるために、よりコントロールしやすいものが学習内容に選ばれることで現実世界とはかけ離れた学習内容になってしまう。この考え方がさらに進むと、学習成果を確実に向上させるために学習者の生物学的・生理学的条件（脳内物質や遺伝子）にまで操作が及ぶようになる危険性があることを、松下は警告する（松下 二〇一〇）。

◉「学習」から「学び」へ

一方、このような「学習」のパラダイムとは別に、目標を必要としない「学び」の系譜があることを松下良平は強調する（松下 二〇一〇）。それは人類が古く昔から長い時間行ってきた学びではあるが、近代社会や学校教育からみると「過去の遺物」であり、公的な教育の世界からは無視・排除されてきた学びでもある。日本の場合、伝統的な学びが見様見真似を重視することから、このような学びを表すときには「真似ぶ」を語源とする「学ぶ」が使われている。

このような「学び」は、特定の目標達成を目指すのではなく、様々な環境に生きる存在としての人間の「生」をより良いものにしてゆくような行為である。それは、伝統的社会における模倣と習熟を通じた学びや実践共同体への参加によって得られる「学び」でもある。

松下は、「学び」とは「〈人－道具－環境〉システムの変容」であるという。ここでいう「道具」とは、これまでの「学習」においてそうであったような「目標達成のための手段」として位置づけられるような道具ではない。「学び」の考え方では新たな世界と出会い、それになじんで自らの環境とし、その環境と調和的な関係を築いてゆくが、そのための媒介として機能するような物や観念、そして身体技法などを「道具」という。

学習が「労働」を範型とするのに対し、「学び」は「仕事」の中で行われると松下はいう。労働では、目標の達成に役立つ材料や方法をあらかじめ選別し、規格化し、合理的に計算された計画に従ってそれらを配列する。それに対し仕事の中で行われる「学び」は、目的意図が活動を導くときでもそれは暫定的な見通しであり、状況の変化や活動の進行に応じて修正される。目的意図を実現するために用意された材料（ものやことば）は、それぞれの特性や個性により個々に応じて考慮される。だからこそ未知の材料が出現するたびに、「学び」の目的意図を再形成することが可能なのである。

学ぶ者の立場に立てば、「学び」が目標をもたず即興性に満ちているにもかかわらず道を見失わないのは、学ぶ者が従事している「実践」には価値が組み込まれており、その価値が学びを方向付けてくれるからである。松下によれば、「実践」の内部には「善さ」の基準が組み込まれており、その「善さ」は実践者の「鑑識眼」でのみ理解可能である。

このような仕事、実践、鑑識眼は、典型的には伝統工芸の職人技に認められると松下はいう。例えば、伝統工芸の板金職人にとって「たたく」という行為は重大な意味をもっており、その実践（仕事）の中にその人独自の「善（卓越性）」が位置づいている。この「善」はとても漠然としたものかもしれないが、明らかにその実践（仕事）の方向性を定めている。逆にいえば、このような「善」を自らの鑑識眼により実践（仕事）の中に見いだした者のみが「名人」と呼ばれるまで「学び」を継続できるとされる。

以上のように、松下は「学習」と「学び」を明確に区別しているが、私たちにとって必要なのは「学び」のみであり「学習」は不必要なものであるといっているわけではない。松下は「二項対立的思考に陥り、学習と学びのいずれかを選ばなければならないと考えるのは早計である」としたうえで、次のようにいう。

肝心なのは、生物学的‐社会的存在としての人間にとって「学習」よりもはるかに本質的なものと考えられる「学び」を、学ぶことの土台に据えることである。（松下 二〇一〇）

「学び」という支えがなければ学習面（たとえば受験勉強）での成功はおぼつかない。しかし、実践を豊かにし「学び」の可能性を広げてくれるのであれば、学習もまた積極的な意義をもつのである。

◉学習者が置かれた状況や文脈の無視

私は、「きちんとした知」を「教え込み型の教育」で獲得させようとしたとき、学生には松下のいう「学習」が生まれると考えている。また、松下のいう「学び」をさらに詳細に言い換えれば、「よいかげんな知」を「しみ込み型の学び」で獲得するというように表現できると考えている。そして、前章で内弟子制度と学生寮の検討のなかでも示したように、教育において「学び」を大切にするのは何も日本に限ったことではなく、西欧でもまったく同じである。

今井によれば、そもそもアリストテレスは「学び」の基盤を日常的な経験に置いていた（今井二〇一〇）。日常的な経験には潜在的に「学知」を含んでいるということが、アリストテレスの前提であったという。そのような考え方に対し、ガリレオに始まる近代の自然科学は根本から反論してきた。つまり、近代科学は日常的な経験への不信を前提にしている。もちろん近代科学は経験科学であり経験には立脚しているが、そこでいう「経験」は日常的な生活経験ではなく、非日常的な実験的経験である。つまり、実験者の意図にそって条件を整えられた環境における経験こそ「科学的に価値あるもの」であるとされる。そして、この近代科学の考え方は、今日に至るまで学習や教育のパラダイムとして前提とされてきたのである（今井二〇一〇）。

しかし、このような近代科学、そして近代教育にはひとつの根本的な弱点があると認知科学は考える。「学習者が置かれた状況や文脈を無視」したために生じる弱点である。そもそも「知」が人間に役立つためには、その「知」は一定のまとまりをもった「意味システム」でなければならない。そして、ある情報が「意味システム」になるためには、学習者が置かれた状況や文脈と学習者個人の関係性が必要不可欠になる。そしてそれは、とても「個人的なもの」である。例えば「海外旅行」というひとつの言葉が伝えられたとき、ある人にとっては非常にワクワクする言葉であっても、別の人にとっては（例えば過去に海外でいやな経験をした人にとっては）不快な言葉かもしれない。つまり、本来の「学び」は学習者が置かれた状況や文脈、つまりその「学び」を取り巻く様々な意味が関連して起こる非常に個人的な行為である。決して近代科学や近代教育が捉えているような客観的、普遍的なものではない。

しかし、近代教育はそのような状況や文脈を意識的に切り捨てることにより可能になる「客観的知識」の獲得を意図してきた。その結果、「学習」によって習得できるのは「世界の表象 representation」だけである（松下 二〇一〇）。「世界の表象」とは、本当はそれぞれの「意味システム」をもっている対象に対して、「記号（言語など）」によって代理させたものでしかない。近代教育は、この「世界の表象（記号や言語）」を「知識」と考え科学的な教授法を駆使して効率的に教えようとしてきたのである。そしてさらに、学問・研究が発展すればするほど獲得しなければならない知識の量は増え続けるので、「教師はできるだけ効率的にできるだけ多くの知識を学習者に伝えなければならない」と考えてきた。

しかし、表象（記号や言語）の獲得としての学習をどれだけ積み重ねたところで、その知識は学習者個人の「役立つ知」「生きた知」にはならない可能性が高い。なぜならば、ひとつのことを「学ぶ」ということは「知識がひとつ増える」ということではなく、それまで学んできた膨大な知識の堆積が刺激され、その全体が変化するということだからである。

これからの大学教育では、「知識」の獲得を量よりも質へとシフトしてゆくことを考えなければならない。「学び」とは、単に知識を自分の知識体系の中に取り込むだけの行為でない。取り込んだ知識を自分の置かれた状況や文脈の中で最大に反応させ、自分だけの意味を創発させる営為なのである。

むすびにかえて

◉伝統芸能の継承と「アクティブ・ラーニング」

「アクティブ・ラーニング」は、外見的には伝統芸能の世界における弟子（学習者）の「学び」と類似している。伝統芸能を学ぼうとする弟子は、師匠から懇切丁寧に指導を受けるというよりは自ら主体的にその世界に入り込み、その中で主体的に学ぶ。同様に「アクティブ・ラーニング」も教員が一方的に知識の伝達を行うのではなく、学生自らが何らかの「能動的な活動」を行うことによって主体的に学んでゆく。このように、伝統芸能における「学び」と「アクティブ・ラーニング」は一見、とても類似した特質をもつように思える。

しかし、注意深くその「学び」を検討すれば、本質的なところで大きく異なっていることがわかる。つまり、本質的に「アクティブ・ラーニング」では「きちんとした知」を教師のコントロールのもとで「学ばせよう」とするのに対し、伝統芸能では「学び」の対象としているのは「よいかげんな知」であり、したがってその「学び」は長い時間かけた非効率的とも感じられる「しみ込み型の学び」である。弟子は、師匠の「わざ」を何年もかかって見様見真似で学んでゆく。そこにはきちんとした教科書もなく、師匠は弟子に対し「俺の踊りをしっかり見ろ」「何度も繰り返し真似ろ」と言うだけである。弟子は、師匠に言われたようにお手本を何度も見て何度も真似ることによって、師匠のわざを「盗んで」ゆく。

ここで一言注意を促しておくと、「よいかげんな知」を身につけるためには「身体性」が重要であることは間違いないのだが、このことは必ずしも「身体を動かすことによって学ぶ」ことを意味していない。ここでいう「身体性」とは、学習者が現実の状況や環境の中に存在しているということを意識した表現であり、状況や環境が異なればその「学び」も異なってくることを意味している。また「身体性」は、学習者が異なればその「学び」自体も異なることを意味する。

◉さらなる発展のために

そして特に重要なことは、教師が事前に想定していなかったような「学び」が学習者に起こることもあるという事実である。しかしながら、このような「学び」によって、学習者は大きな、そして安定した能力を身につけてゆく。神楽の場合には、暑い日でも寒い日でも、晴れていても雨が降っていても、自分の体調が悪くても、観客に子どもが多くても老人が多くても、その本質を変えることなく状況に合わせて柔軟に踊ることにより、結果的には「いつでもうまく踊る」必要がある。そのような能力を身につけるのはとても時間がかかることで一見とても非効率的に見えるが、このようにして獲得した能力は非常に安定した大きな力になる。

結局、「アクティブ・ラーニング」が「きちんとした知」を教師のコントロールのもとで「学ばせよう」としている限り、外見的には「身体を動かすことによって学ぶ」という点で類似しているように見えたとしても、伝統芸能における「学び」とは本質的に異なっているのである。例えば、「効率的なアクティブ・ラーニングの実施」という発想をもっている限り、それは「よいかげんな知」を「しみ込み型の学び」で身につけるという基本的な枠組みとは大きくかけ離れたものにならざるを得ない。

確かに「アクティブ・ラーニング」という発想は、従来の一方向的な知識伝達的講義から一歩前進した教育スタイルであることは間違いない。しかし今後さらに改革を進めるためには、日本の「学び」に関する注意深い検討が必要不可欠になってくる。

次章では、「アクティブ・ラーニング」を評価する場合しばしば採用される「ポートフォリオ評価」について詳細に検討する。

第5章　「主体的な学び」はポートフォリオで評価できるか

はじめに

◉大人気の「ポートフォリオ評価」

本章では、これまでの章で紹介した日本の「学び」をもう一度振り返りながら、大学教育における「評価」について考えてみたい。ここでは特に、近年、大学教育に対する議論の中で大人気になっている「ポートフォリオ評価」について、本当に「主体的な学び」を評価することができるのだろうかという視点から検討する。

松下佳代によれば、「ポートフォリオとは、もともと画家や建築家などが自分の作品を綴じ込む「紙ばさみ」のことであり、評価論においては学習者が自分の作品（学びの証拠資料）を収集・整理したものをさす。ポートフォリオ評価とは、ポートフォリオに収められた資料に基づいて、教師や生徒自身が生徒の成長を評価する方法のことである（松下 二〇一〇）」。

そもそも「ポートフォリオ」は一九七〇年代、アメリカの小・中学校において子どもたちの自学自習を促す目的で草の根運動的に広まっていった。日本では一九九〇年代後半から、主に「総合的な学習の時間」における評価方法として活用されるようになり、現在では広く各教科の日常的な授業実践の中でも活用されている。ここで重要とされるのは、授業の目的として単なる知識の詰め込みではなく、子どもたちの主体的な経験による学習を意図しているという点である（森本 二〇一二）。

このような「ポートフォリオ」の活用は大学教育にも広がっており、大学における教育の質向上・質保証に貢献している。「ポートフォリオ」には、教師がどのように授業実践したかの記録である「ティーチング・ポートフォリオ」と学生が学習過程を通して何をどのように身につけたかの学習実践記録である「ラーニング・ポートフォリオ」がある。しかし近年は、学習者中心という考え方から「ラーニング・ポートフォリオ」への注目度が上がっており、教員が「どのように教育を行っているか」ということよりも「学生がどのような学習成果をあげているか」に重い比重をかけて授業が評価されるようになっている。さらに、学習成果の「証拠（エビデンス）」を提示することにより「アカンタビリティ（説明責任）」を果たす必要があるとされ、学習成果の「証拠（エビデンス）」としての「ポートフォリオ」が重要になっているのである。

◉「eポートフォリオ」による評価

さて、このような「ポートフォリオ」による評価は、近年電子化が進み、現在ではいわゆる「eポートフォリオ」が主流になっている。「eポートフォリオ」は基本的に、次のような手続きで行われるのが一般的である(森本 二〇一二)。eポートフォリオ開発(eポートフォリオのアプリケーションを決定する)、目標となるゴールの設定、ルーブリック(評価基準)の作成、学習成果の蓄積(学習成果に関するデータを収集する)、学習成果の整理(有効なデータとそうでないものを仕分けする)、そして評価活動(アセスメント)である。「評価活動」は教師による評価だけではなく、自己評価(セルフ・アセスメント)や相互評価(ピア・アセスメント)も重視される。つまり、ここで行われる「評価」は、客観的に能力を測定するためのテストが中心になるのではなく、必要な知識を収集・統合し適切な判断を下しながら課題解決を図るような能力が最大に考慮されたものとなる。そのため、アクティブ・ラーニングと組み合わせて活用されることも多い。森本によれば、このような評価においては「学習の中に評価が埋め込まれていることが特徴である(森本 二〇一二)。つまり、学習のプロセスの中に評価が学習の一部として組み込まれており、学習と評価は一体化され切り離すことはできないと考えるのである。このような特徴は、学習者に自らの学習を振り返る機会を増加させることになる。「ポートフォリオ」を基礎的データとした「リフレクション(振り返り)」が効果的であるとされる所以である。

さて、「eポートフォリオ」による評価は教師自身が自分自身の授業を振り返るだけでなく、学生の学習に対しても学生とともに効率的に振り返ることができるという意味において、これまでの大学教育から一歩前進したということができる。しかし、森本も指摘しているように「eポートフォリオも実態は単なるデジタルファイルでしかない(森本 二〇一二)。そのため、活用の仕方によっては教師の自己満足に陥ったり「労多くして益少ない」事態にもなりかねない。そうならないためにも、ここでポートフォリオ（eポートフォリオ）による評価において陥りやすい「落とし穴」を明確にしておくことが重要である。

「eポートフォリオ評価」の落とし穴

◉「ライフログ」という発想

私は先に上梓した拙著『超デジタル時代の「学び」』のなかで、人生に起こったすべての出来事をデジタル化しアーカイブするという「ライフログ」の発想を批判的に紹介した（渡部二〇一二）。「ライフログ」は、「最先端のデジタルテクノロジーを最大に活用することによって人生すべての出来事をコンピュータの中に保存しておこう」という「完全記憶」の発想から生まれた。特に、マイクロソフト研究所首席研究員のゴードン・ベルは二〇二〇年までにライフログ時代が到来すると予測し「ライフログ」を推奨している（ベル・ゲメル／飯泉訳二〇一〇）。デジタルカメラやマイク、地球上の位置情報を入力するためのGPSなどを活用したり、パソコンや携帯電話のデータをすべて「記録」として蓄積してゆく。加えて、センサーを体内に埋め込んで健康状態を記録すれば、心拍数の変化、体温、血糖値、不安や興奮、緊張状態をすべて記録することが可能になるとベルはいう。これらのあらゆるデータは「電子記憶（eメモリー）」として個人用ライブラリーに保存され、必要なデータを取り出すことによって様々な目的に活用される（ベル・ゲメル／飯泉訳二〇一〇）。「ライフログ」が人生すべてをデジタル化しアーカイブするという発想ならば、「eポートフォリオ」は教師の指導記録と学習者の学習記録をすべてデジタル化しアーカイブするという発想に基づいている。そして、このような「ｅポートフォリオ」の利点として森本は、「多量なデータをさまざまな記録媒体へ保存可能で、保存されたデータは劣化せず、複製も容易に行える」こと、そして「コンピュータネットワークを通してアクセスが可能なため、学校内（機関内）だけでなく遠隔地の人々との相互作用が期待できる」こと等をあげている。特に後者に関しては、「ｅポートフォリオ」を活用することにより「個人評価までもが場所や時間帯に制限されずに容易に行うことができるため、学習の振り返りの機会が大きく増える。その結果、紙ベースのポートフォリオを用いた学習のときと比べて、爆発的に多くのリフレクションの誘発ができる」としている（森本 二〇一二）。

◉「記録」と「記憶」の本質的な違い

このような「ｅポートフォリオ」について検討するとき、私が先に示した「ライフログ（完全記憶）」に対する批判が参考になる。その要点は、武邑が明確にしている「記録」と「記憶」の本質的な違いに関係している。

記憶の本体は、記録の保存ではなくその生成の過程にこそあるといえる。〔…中略（引用者）…〕物財としての情報記号を何らかの価値に変換する仕組みが生成され継承されるとき、記録ははじめて記憶となる。いいかえれば記憶とは、無機物にすぎない記録に意味による経験的認知などが作用する意識的かつ能動的な作業である。そして、かかる記憶を生成し継承する作業が何らかの目的を帯びて集団規模で行なわれる現象が、文化の本体なのではなかろうか。
（武邑 二〇〇三）

コンピュータなどの記録媒体に蓄積された情報を「記録」、そして私たち人間の頭の中に蓄えられている情報を「記憶」と分けて考えてみると、確かに記録と記憶では大きく意味が異なる。そして、「記録」はコンピュータで行うことができるけれど、「記憶」はそこに人間が介在しなければ成立しない。

例えば、私の幼稚園における思い出の中に、園庭で走り回って遊んでいるとき友達とぶつかり鼻血を出したことがある。その事件は「思い出」として確かに私の「記憶」に残っている。そして、もしこのときの映像が「記録」として残っていたとしたならば、私はこのときの様子を正確に知ることができる。なぜそんなにもあわてて走り回っていたのか。どの程度の速さで走っていたのか。ぶつかったのはどんな子だったのか。鼻血が出たのは確かなのだが、それはほんの少量であったのか、それとも結構大量だったのか。処置してくれた先生は誰か。私は泣いたのか泣かなかったのか……。これらは「その事件」の正確な「記録」となり得る。

しかし、私は「その事件」の正確な記録がほしいとはまったく思わない。ぶつかったのは誰で、鼻血がどれほど出たか、そして処置してくれた先生は誰だったのかを知ることができたとしても、私にとっては何の意味ももたない。確かに私は現在、その先生の名前を知ることはできないけれど、私の記憶の中では「美人で優しい先生」として鮮明に存在している。もし、その時の映像を見たならば、鼻血を処置してくれた先生がごく普通の年配女性であり、私は失望するかもしれない。私にとって重要なのは、私の思い出に残っている先生が美人でとても優しかったということであり、実際に彼女が美人なのか否かはまったく重要ではない。私にとって必要なのは「正しい情報」ではなく、私自身の中に確固として存在している「思い出」としての記憶である。そして、そのような記憶の集積こそ現在の私の「アイデンティティ」を形成しているのである。

◉eポートフォリオと「主体的な学び」

加えてもうひとつ重要なことは、ベルが主張している「ライフログ」における情報のほとんどは視覚情報および聴覚情報であるのに対し、私の「記憶」には「身体性」が大きく関与しているということである。つまり、私にとって「手の感触」や「かすかな香り」、そして味覚などの「思い出」が非常に重要なものになっている。そのような意味でも、「記憶」はとても個人的なもの、そして「あいまいなもの」にならざるを得ないのである。

「ライフログ」はコンピュータに蓄積されたニュートラルな価値観をもつ情報であり、その当人にとっての「大切な（有用な）記憶」とは大きくずれている。この事実とまったく同様に、「eポートフォリオ」に蓄積された情報も学習者が行った学習活動に関する「目に見える結果」ではあるけれど、個々の学習者が「自分にとって重要な何を実際に学んだのか」と必ずしも同一ではない。もちろん、「目に見える結果」であるからこそ「アカンタビリティ（説明責任）」を果たすための「証拠（エビデンス）」となりうるし、私もこのことに対して一定の評価を示すことはできる。しかし、このような「目に見える結果」は、必ずしも本書で着目しようとしている学習者自身に生じている「主体的な学び」を表しているとは限らないのである。

教師の想定を超える「主体的な学び」

◉認知科学における「創発」という概念

アクティブ・ラーニングやポートフォリオ評価と伝統芸能における継承（教育）を比較検討しようと考えたとき、認知科学において重視されてきた「創発」という概念は非常に示唆的である。「創発」とは、一般には「誰かが意図的にしくんだわけではないのに何らかの複雑な現象や構造などが生ずること」をいう（渡部 二〇一〇）。ここで私は、「創発」を「教師が教えようと意図していないにもかかわらず、学習者において自然に発生する学び」と捉えてみたい。この場合、学習者自身が無意図的であるにもかかわらず、何らかの気づきや理解が生ずることもある。

私は拙著『超デジタル時代の「学び」』のなかで、観察対象（例えば、自閉症児）のビデオを何回も繰り返し観察しながら長時間苦労して場面再現ＣＧを制作することにより、観察者（例えば、特別支援教育を学ぶ学生）において、対象に対する予想以上の気づきや理解が自然に生まれるという現象を紹介した（渡部 二〇一二）。ビデオを複数回再生しながら観察しても気づくことが困難なところ（例えば、物を持っている手とは反対側の手の位置や動き）に対しても、ＣＧを制作するためには注意を払い丁寧に観察する必要がある（これはまさに、観察者の能動的な活動になる）。しかし、このことが間接的ではあっても対象に対する深い理解につながってゆくことが明らかになった。例えば、自閉症児Yに対する長期実践に参加した大学院生の小山は、長時間苦労して場面再現CG制作を行った後の自分の変化について、次のように語っている。

いつも私の中でイメージとして描かれている「Y君とのコミュニケーション場面」がディスプレー上にリアリティをもって再現されると、バーチャルなY君に対し、親しみや愛しさにも似た感情が芽生えてきます。また、その動きを一つずつ作り込んでいく過程には、どこかしらY君の情動の行方を追跡、追体験しているような感覚すら覚えるのです。〔…中略（引用者）…〕この場合は一方的ではありますが、なんとなくY君と心が通じ合い、感じ合えたような、微妙な感覚が私の中に芽生えるのです。この感覚の蓄積はその後のY君との関係にも影響を及ぼしました。Y君の口から私のことを指して「トモニーチャン」という言葉が始めて出たのはこのプロジェクトを終え、まもなくの頃でした。観察者としての私の意識や接し方が関わりの中でどう変容していったのか説明することは難しいことですが、着実にY君の中で私に対する意識、それに伴う態度が良好な方へと変わっていったことは事実です。私の意識がY君の波長と同期し始めたのか、バーチャルなY君に対して芽生えた愛着がそのまま現実のY君にも受け入れられたのか、はたまた単なる偶然か、現段階では解釈はいかようにもできますが、観察することと表現することを結び付けた今回の記録の意味をそこに見出し、積極的にこの事態を受け入れたいと思っています。

（渡部 二〇一二）

「創発」は、個人的な状況や文脈（これまでの個人的な経験）に沿った意味の理解であり、その人独自の「リアリティ」をもつ。逆にいえば、学習者独自の「リアリティ」をもつことにより、その人自身の知識や深い意味理解が実現されることになる。さらに「創発」によって生じる「学び」やその結果として身につく「知識」は、学習者の個人的な事情が強く反映されたものであり、教師にとっては「想定外」のことも多い。

◉教師にとっての想定内の「学び」

しかし、近代教育の現場では、教師の「想定内」の範囲で学生の学習を捉えようとする。例えば、「アクティブ・ラーニング」のひとつとされる「ピア・インストラクション」という教育手法では、まず教師は基本となる質問と三、四つの典型的な回答を用意する。学生はその選択肢の中から自分が回答と考えるひとつを選び出し、自分の周囲の異なった意見をもつ学生と議論を戦わせる。この活動により、学生は質問として出されたテーマに対してより深い理解が得られるとされる（Mazur 2012）。この場合、質問も回答の選択肢もすべて教師が考えた、いわば「想定内のもの」である。確かに、その想定内において学生には教師が意図した「学び」が生まれるかもしれない。しかし冷静に考えてみれば、そのような「学び」は「教師に近づくため」という目的に他ならず、それでは「教師を超えること」は普通あり得ない。しかし、「主体的な学び」の本当の意味は、教師とは異なる知識体系・学習者個人の知識体系を作るために「学ぶ」ことなのである。そして、私たちが大学教育において学生に対し意図していることは、「教師の想定を超える主体的な学び」が生まれることなのである。そして、そのような「教師の想定を超える主体的な学び」は普通、非常に「個人的なもの」である。その人の生まれや育ってきた環境、これまでの経験や今興味をもって一所懸命チャレンジしていることなど、すべてが「主体的な学び」を左右する。大学教育というものは、それでよいのだと思う。なぜなら、大学教育の本当の役割は多くの知識を知っているような「知識人」を育てることではなく、「新しい知」を生みだすことのできる人材を育成することだからである。それが、学生にとって将来の「研究する力」にもつながってゆく。これこそ大学の「本来の姿」ではないだろうか。

そのように考えると、伝統芸能における二つの特徴が浮き上がってくる。学習プロセスの「非段階性」と評価の「非透明性」である。この二つの特徴は「ポートフォリオ評価」の考え方とは大きく異なっている。以下で、詳しく検討してみよう。

伝統芸能における「学び」の評価

◉伝統芸能における評価の「非透明性」

伝統芸能の教授には細かなカリキュラムもなく、易しいものから難しいものへと学習を積み重ねていくという、学校教育的な学習段階もない。いきなりひとつの作品の模倣からはじめられ、しかも段階を追って順に学習を進めていく方式は取られていない。易しいことから難しいことへと段階を追って進むのではなく、むしろ難しい課題を入門者に経験させたりするのである。あるいは、あえて段階を設定せず、学習者自らにその段階や目標を作り出すように促したりする。現象的に見るならば、学習者がなすことはただ模倣と繰り返しの連続であり、教授過程そのものも上位目標から下位目標へと下りてくるような明確な形で設定されているわけではない。そのような意味では、学習者が成功感を得ることは難しいと思われる。ある作品に進むためには、これこれの作品を仕上げなければならないという意識を明確な形でもつことはできない。つまり、日本伝統芸道における学習は、非段階的に進むという特徴をもつ（生田 一九八七）。

さて、そこで行われる「評価」であるが、師匠は普段細々とした指示あるいは評価を与えないし、また指示あるいは評価を与える場合でも、みんなに同じような語り方をするわけではない。模倣、繰り返しを経てひとつの作品が師匠から一応「上がった」と言われると、学習者は次の作品の練習に入っていく。しかしこの場合、次の段階に「進む」という明確な観念は師匠にも学習者にもない。現象的にいえば、ただひとつの作品の模倣が終わったのであって、また別の作品の模倣に入っていくにすぎないのである。つまり、評価はきわめて厳格に与えられているにもかかわらず学習者にはその評価のよって来たる根拠が直ちに（透明に）見えない、ということが日本伝統芸道における学習の評価なのである。生田は「そのような評価の「非透明性」こそが、学習者に探求を持続させる」という（生田 一九八七）。

こうした教え方は、ある意味で余計に時間もかかるし、無駄が多いように見える。上位目標から順に下位目標がきっちりと規定されているならば、学習者は自分の努力によって遅々としながらも順調に上位の目標に向かって計画的に学習を進めていくことができる。しかしながら伝統芸道の場合には、作品それ自体に明確な難易の順序がつけられているわけでも、また段階が設定されそれに応じて教授が進められるわけでもない。学習者は、当の世界の様々な要素から、例えば日本舞踊の場合はその人の年齢、好みなどに合わせて、また茶道の場合には季節や道具に合わせて自分が学ぶべき作品や事柄が次々に決められる。そして、あてがわれた作品に取り組むプロセスの中で、学習者自身が生成的に目標を豊かにしていくのである（生田 一九八七）。

以上のように、日本伝統芸道は学習プロセスの「非段階性」と評価の「非透明性」という二つの特徴をもつが、これらはさらに「学びの状況や個々の学習者によって異なる評価」および「指導者の想定を超えた学びに対する評価」という特徴につながってゆく。

◉状況によって異なる「学び」の評価

日本の伝統芸道における「学び」の評価は、学びの状況や個々の学習者によって異なっている。これは、近代教育の枠組みから見れば大きな混乱を招くと感じられるだろう。

例えば、舞踊の「学び」では学習者の年齢によって評価が異なる。若いときには速くダイナミック。そして、歳をとるにしたがいゆっくり意味を伴って奥深くなる。神楽の師匠は、次のように言う。

歳をとってくると踊れなくなってくるが、味が出てくる。歳相応の踊りがある。（松本師匠）

また、神楽が舞われる状況によってもその評価は変わってくる。例えば、そのときの天気、自分の体調、観客の年齢層などによって舞が変わってくる。若い年齢層の観客が多い中で「ゆったりした舞」を踊れば、評価は低くなる。また、大祭などで長時間続けて踊るような場合にはいくつかの動作を行わない（あるいは簡略化する）が、それでも評価が下がることはない。そのように動作を省くことを「手を抜く」という。この場合の「手を抜く」ということも、「気を抜く」というのではなく、長時間踊るためには必要不可欠のこととされる。逆に、はじめにがんばりすぎて後で疲れたのでは、全体的な評価は下がってしまう。

さらに、三〇〇年以上にわたり伝統が受け継がれてきた神楽では、時代によって舞が変わり、それとともに評価が変わる。時代が「派手」を好むようになれば、それとともに舞は派手になっていくかもしれない。

師匠から教えられた内容を常に忠実に踊っているわけではなく、自分で踊りを変化させたりしている。……師匠の中には、あれはかっこいいなと言って付け足した人もいれば、あれ面倒くさいなと言って抜いた人もいる。（松本師匠）

師匠の「評価」は絶対的な意味をもつことに間違いはないが、その師匠は評価に対して「だいたいでよい」と発言していることは非常に象徴的である。このような「よいかげんな評価」（あるいは「やわらかな評価」）は、「指導者の想定を超えた学びに対する評価」を可能にするという特徴にもつながってゆく。「主体的な学び」には「創発」が必要であり、それは教師にとって「想定外」であることも多い。しかし、それはとても重要なことである。私が「ポートフォリオ評価」など近代教育における評価に対して懸念するのは、「学習者中心主義の立場に立ち学習者自身の自己評価を大切にする」という発想をもちながら、結果的にはすべて教師が想定した枠組みの中でのみの評価に陥ってしまうということである。特に、「失敗」は学習プロセスの中で重要な意味をもつにもかかわらず、近代教育においては「失敗をなくそう」という意志が教師には自然と働いてしまう。

教師の「よいかげんな評価」（あるいは「やわらかな評価」）は必然的に、学習者に対し「自らを評価せざるを得ない状況」を導くことになる。そして、この状況が学習者の「主体的な学び」にもつながってゆく。つまり、学習者に「創発」をもたらし、教師にとって想定外の「学び」に発展させる。逆に、教師があまり「きちんと」評価してしまうと、学習者は自分で「自己評価」する余地がなくなってしまう。

大学の本来の役割である「研究」に向けて学生を教育してゆくことを考えれば、「教師にとって想定外の学び」こそ本当は尊重されるべきであり、また「失敗すること」は「次の段階への大きな一歩」を意味する。それが、学習者の「主体的な学び」そのものなのである。(4)

（4）たとえ大学進学率が五〇パーセントを超えるようになっても、「大学」としての重要な役割である「研究」を排除して考えることはできないと私は考える。

◉伝統芸能における評価の正当性

最後に、「なぜ日本の伝統芸能が学習プロセスの「非段階性」と評価の「非透明性」という混乱を招きそうな特徴をもちながら、これまで日本文化の中に根付いてきたのか？」について検討しておきたい。なぜなら、これらの特徴を検討することが大学教育における評価を見直す上で大きなヒントになると考えるからである。

松下佳代は、「学びの評価」、特に「パフォーマンス評価」に対する検討の中で「パフォーマンスperformance」および「コンピテンス competence」という概念を取り入れている。「パフォーマンス評価」とは、「文字どおり、何らかの課題や活動を実際にパフォーマンスすることを通じて行われる評価のことである」（松下 二〇一〇）。そのなかで松下は、「行為の現れ」がパフォーマンスであり、「行為の可能性」がコンピテンスにあたるとしている。つまり、コンピテンスとは、その人が様々な状況の下で発揮することが可能な能力（状況によっては発揮できない能力）である。パフォーマンスは観察可能だがコンピテンスは観察不可能であり、コンピテンスはパフォーマンスの観察から得られる証拠資料（evidence）にもとづいて推論されるのみである。

さらに松下は、「パフォーマンス評価では、パフォーマンスからコンピテンスを推論すること以上に、コンピテンスをパフォーマンスとして現出させ、そのパフォーマンスを直接的に評価することに重きがおかれている」とし、パフォーマンス評価では具体的な個人における「文脈性」が不可欠の特徴であるとしている。その上で「コンピテンスはある文脈の中でパフォーマンスとして現出する。いいかえれば、文脈は、コンピテンスをパフォーマンスへと「可視化」させる働きをする。一方、パフォーマンスは文脈の中で初めてコンピテンスの現れとして「解釈」されるとする（松下二〇一〇）。

さて、以上のようなパフォーマンスおよびコンピテンスという概念を検討の視点として取り入れれば、日本の伝統芸能における「非透明な評価」の正当性が見えてくる。つまり、近代教育における評価がパフォーマンスの評価を基本としているのに対し、伝統芸能の師匠はコンピテンスを評価しようとしているのである。したがって、伝統芸能の師匠が稽古中は「そうじゃない」と言うだけでどこがどういう理由でダメなのか教授することは稀であるという事実に対しても、師匠は目に見える形で表面に現れた行為に対して修正を求めているのではなく、そのような「文脈」においてそのような行為を出現させたその人のコンピテンスを評価の対象として修正を求めていると考えれば納得がいく。

また、例えば茶道では学習者の技術レベルによってではなく、季節や道具によって稽古の内容を変えるというのも、技術レベルには関係なく「文脈（茶道の場合には季節や道具など）」を意図的に変えることにより「コンピテンス」を鍛えていると考えられる。ここでの師匠の役割は、様々な「適切な文脈」を設定・提供することである。そして、師匠はその芸道における世界観や価値観をも前提とした「文脈」において、「よいかげんな評価（やわらかな評価）」を行っている。

松下は「あるコンピテンスをもっているということは、単にコンピテンスを構成する諸属性をもっているということではなく、そうした諸属性を、複雑な状況のもとでそれにふさわしいときに、適切に結集し統制することができるということを意味する」とする。例えば、神楽は室内で舞うこともあれば、屋外で舞うこともある。しかも、雨の日もあれば雪が降る日もある。しかし、そのような様々な文脈において「いつでも上手に舞うことができる」というコンピテンスを、師匠は評価しているのである。

以上のように考えれば、その評価は誰に対しても平等な普遍的な評価ではなく、個々に対して異なった評価になり、まさに師匠（教師）の力量が試されることとなる。さらに、師匠（教師）の評価に加え自己評価や共同体の仲間からの評価もある。それらの評価は、明確な得点で表された評価というよりは、周りからの賞賛だったり「うわさ」だったりと「あいまいな評価」である。しかし、学習者にとって、それは自分の稽古に大きく反映される。

伝統芸能における学習プロセスの「非段階性」と評価の「非透明性」は、以上のような理由で正当化されるのである。(5)

むすびにかえて

◉「主体的な学び」と伝統芸能の特徴

現在、日本の学校教育で行われている積み重ね学習は、二〇世紀初頭から始まった科学的学習研究の成果を直接教育現場にもち込んだものである。しかし、認知科学が明らかにしたことは、このような「近代教育」には「現場」や「日常」という発想が、つまり「状況」や「文脈」という発想が決定的に欠如しているということであった。近代西洋の「知」、そしてその代表である「科学」は客観性や普遍性を重視するという特質から、あいまいで将来の予測が困難な「日常」ではなく、条件の整った「教室（実験室）」を前提に議論してきたのである。つまり、議論の対象となる学習は「きちんとした知」を「教え込み型の教育」で獲得することが中心であった。そこでは、学習者が短時間で効率よく「きちんとした知」を獲得するためには「どのように教えたらよいのか」ということが最大の関心事であった。

それに対し日本の「学び」では、「よいかげんな知」を「しみ込み型の学び」で獲得してゆく。そして、このような日本の伝統芸道で採用されている学習プロセスの「非段階性」および評価の「非透明性」といった特徴をもつ学習方法は、長い間「非科学的である」という理由で学校教育から排除されてきた。しかし、予測困難な時代、複雑であいまいな時代、そして混迷する時代の大学教育にとってこのような「学び」のスタイルが必要不可欠になる、と私は考えている。

「しみ込み型の学び」は学習プロセスの「非段階性」と表裏一体をなし、「よいかげんな知」は評価の「非透明性」と関係している。伝統芸能の世界における学習者は、「しみ込み型の学び」によって稽古を進めてゆく。その学習プロセスは必然的に「非段階的」になり、一歩一歩上達していくというよりは「いつの間にか上手になっている」というような「学び」のスタイルになる。つまり、指導者が事前に用意している学習段階の中で、「この段階を終了したら次の段階に進むことができる」といったモチベーションを頼りにしながら学習を進めてゆくことはできない。学習者は明確ではなくとも

（5）ここで取り上げた松下が示す枠組みでの「パフォーマンス評価」も非常に重要な評価法としてさらに深く検討する必要性は大きいが、私自身の「パフォーマンス評価」に関する検討が未だ不十分であるため、本書では割愛したい。

何らかの自分自身で決めた目標をもち、それを達成するために指導者の模倣を繰り返す。伝統芸能において指導者から得られる評価は「よいかげんな評価（やわらかな評価）」であることが普通である。学習者は指導者の「よいかげんな評価（やわらかな評価）」を自分自身で決めた目標に照らし合わせることにより自分自身を評価する。そして、そのときの評価基準はたいていの場合、具体的に「何々を学んだ」とか「何々ができるようになった」と表現できるようなものではなく、その伝統芸能が本質的にもっている「世界観」や「価値観」に対して自分自身が「どれだけ馴染めるようになったか」という視点が中心になる。「馴染めるようになる」ということは、その世界においてどのような状況においても「何とかうまくこなすことができる」という能力が身についたことを意味する。

このように日本の伝統的な「学び」と近代教育を比較してみると、「ポートフォリオ評価」をはじめとする近代教育の評価が、学習者中心主義を標榜しながらいかに「教師主導」であるかという点に気づく。「主体的な学び」は学習者自身の主体的な目標設定や学習プロセスの設定、そして自己評価に基づくものであり、教師主導と比較して「よいかげん」にならざるを得ない。しかし、むしろその「よいかげん」が主体的な学びには重要な本質であり、そのことを前提とした上で「教育」というものを再構築してゆく必要があるのだろう。

「教師主導によって学習者の主体的な学びを導く」という教育スタイルは決して全面的に否定されるものではないにしても、一方で日本の「学び」を基礎とした「主体的な学び」のスタイルが存在するという認識をもつことは、今後の大学教育を考えてゆくとき非常に重要になってくると、私は考えている。

第6章　eラーニング時代における大学再生のシナリオ

はじめに

◉高度情報化社会とグローバル化

二〇世紀後半、日本は工業社会から高度情報化社会へと大きくその特質を変化させていったが、特に一九九五年以降のインターネットの爆発的な普及、そしてグーグル（google）など情報検索技術の著しい発展は「教育」や「学び」のスタイルをも大きく変えた。もし「わからないこと」や「知りたいこと」がある場合には、Ｗｅｂ上にある膨大な知識の中からキーワードを手がかりに情報検索技術によって必要な情報を探し出し、たとえ地球の裏側にあるサーバーに置かれているような情報や知識であっても、瞬時に見つけ出し学習することができるようになった。しかも、それはほとんどの場合「無料」である。

このようなグローバル化は情報だけに止まらず、人やモノ、そしてカネにまで及び、今や国境を超えて自由に往来しており、少なからず日本の大学にも影響を及ぼしている。また、少子化に歯止めがかからない日本の大学は、中国やインドなどの教育発展途上国の優秀な学生に留学してもらおうと必死である。例えば、中国やインドで入学試験を実施したり、そのための拠点となる事務所を設置している。さらに、九月始業により海外からの学生が入学しやすいようにとの配慮も検討されている。

◉eラーニングによって大学の死は現実になるか?

このようなグローバル化を背景として、二〇〇〇年を過ぎた頃から世界中の教育先進国では「eラーニング」を大学教育に取り入れようという試みが起こった。eラーニングは「いつでも、どこでも、誰でも」というフレーズで象徴されるように、忙しいビジネスマンや子育てに忙しい主婦でも、都市から遠く離れた地域に住んでいる人たちでも、そして老人や障がい者などのように移動に大きな負担がかかるような人々でも、やる気さえあれば気軽に学習することが可能になる。そして、その内容も基礎的な知識から、時にはノーベル賞クラスの専門知識までも学ぶことができる。このような情報技術の発展は、大学教育にとって大きな恩恵をもたらすと同時に、重大な大学存続の「危機」をも招くことになる。

私自身、二〇〇二年にスタートした「東北大学インターネットスクール：ＩＳＴＵ」に立ち上げ準備から関わり、一〇年以上にわたってそのプロジェクトに関わってきた。二〇一二年現在、各研究科の正規講義などＩＳＴＵにより配信されているコンテンツは月に四五、〇〇〇回近く閲覧されている（学期中）。さらに正規講義の他、各研究科主催のセミナー等を収録した特別講義、授業のシラバス、予習教材、復習・発展教材、レポート提出・採点、討論用掲示板、連絡用掲示板などの様々な教育サポート機能が提供されている。

特記すべきは、二〇〇八年度、医学系研究科が一〇〇％の講義配信を宣言したことである。日中は病院実習などで忙しい医学系研究科の学生にとって、いつでもどこでも受講可能なeラーニングはまさに「ニーズにあった学習形態」なのである。

eラーニングがこのまま普及してゆけば、教室やキャンパスをもたない大学も増えてゆくことだろう。このような時代では「もう大学自体がいらないのではないか」という議論すら現実に起こっている。もし「大学教育はeラーニングだけで十分」ということになれば、それは「大学の死」を意味することになる。このようなデジタル時代において、大学の生き残る道は残されているのだろうか？

「eラーニング」発展の背景

◉コンピュータ支援教育の発展

ここで少し、「eラーニング」発展の背景について振り返っておこう。

コンピュータの誕生は一九四〇年代であるが、初めの頃は「メインフレーム」とよばれるように大企業や大学などの研究機関のみが高価なコンピュータを所有し運用していた。しかし一九八〇年代になり、コンピュータの小型化・低価格化が一挙に進み、いわゆる「パーソナルコンピュータ（略して「パソコン」）」が私たちの日常生活にも浸透してきた。それにともないアメリカの教育現場では、ＣＡＩ（Computer Aided Instruction）と呼ばれる「コンピュータ支援教育」が流行し始めた。しかしその頃の日本では、小中学校の「パソコン好きの先生」が初歩的な「コンピュータ支援教育」を草の根運動的に実施していただけであった。

◉「オープンコースウェアOCW」プロジェクト

そのような「コンピュータ支援教育」が一挙に発展のスピードを上げたのは、一九九〇年代半ばに突如として起こったインターネットの普及によってである。特に、二〇〇〇年、それまでの「コンピュータ支援教育」とインターネット活用が結びつくと「eラーニング」という概念が一挙に花開くことになる。日本にいる私たちがはじめて「eラーニング」という概念を意識したのは、二〇〇一年にマサチューセッツ工科大学（ＭＩＴ）が「オープンコースウェア：ＯＣＷ」プロジェクトを立ち上げたというニュースを知ったときであろう。

二〇〇一年、ＭＩＴは「自校の約一八〇〇の講義で使われている教材のすべてをＷｅｂ上で無料公開する」という「オープンコースウェア：ＯＣＷ」プロジェクトを立ち上げた。しかもこのプロジェクトは、メロン財団とヒューレット財団からあわせて約一一億円の資金援助を受けるという。このニュースは、アメリカ国内のみならず世界中に衝撃を与えた。ＭＩＴから始まったオープンコースウェアは二〇〇五年に「オープンコースウェア・コンソーシアム」の立ち上げにつながり、全世界規模での展開が本格的に開始された。

◉「東北大学インターネットスクール：ＩＳＴＵ」

このようにしてスタートした大学が主催するｅラーニングに対し、日本の大学も無視することはできなかった。確かに、日本は国土も狭く「遠くて大学に通えない」ということも少ないだろうし、「講義を全世界に配信する」ことも言語の問題が大きな障害になる。つまり、日本の大学にとってｅラーニングはアメリカの大学ほどのメリットはないのだが、それでも世界の勢いに逆らうことはできなかった。二〇〇一年四月には玉川大学が、二〇〇二年四月には東京大学、青山学院大学、佐賀大学、そして「東北大学インターネットスクール：ＩＳＴＵ」が開始された。

ところで一九九九年当時、私は科学技術庁（現・文部科学省）による大規模なプロジェクトに関わっていた。不登校児や障がい児をもつ親や教師に対し、インターネットを活用してカウンセリングを行うというプロジェクトである。このプロジェクトはマスコミなどにも大きく取り上げられ、大学内外から高い評価をいただいていた。二〇〇〇年の秋、東北大学でｅラーニングを開始するための準備ワーキングの設置が決まると、私もそのメンバーの一員に任命された。

当初、私たちはかなり小規模のｅラーニングを想定し議論を重ねていた。しかし結果的に、準備ワーキングの設置から一年半後にスタートしたのは、東北大学大学院教育情報学研究部・教育部というひとつの独立大学院であった。ここでは、幼稚園から大学院、生涯教育までをフィールドとした「ＩＣＴを活用した教育」に関して研究を行うと同時に、「東北大学インターネットスクール・

ＩＳＴＵ」を実験フィールドとした研究者養成・専門職養成も行う。

私自身もこのような「ｅラーニング・バブル」に飲み込まれ、それまでの教育学研究科から教育情報学研究部へ所属を変えることになったのである。

ｅラーニングの実際

◉ｅラーニングによる「学び」スタイルの変化

さて、それではｅラーニングの普及によって、具体的にどのように「学び」に変化が現れてくるのだろうか？　例えば、わざわざ教室に行き、眠気と戦いながら先生の講義を聞くのではなく、自分の頭がさえている時間に自分の部屋でコンピュータのディスプレー上に配信される先生の動画を見る。わざわざ重い教科書や辞書、資料集を持ち歩くのではなく、インターネットからその都度ダウンロードしたマルチメディア教材をフルに活用する。このことを考えただけでも、ｅラーニングは私たちの行動様式や学習スタイルを根底から変えてしまうことになる。さらに、無線でインターネットにつながったノートパソコンを利用すれば、公園や電車の中で学習することも可能になる。このようなモバイルでの学習スタイルが普及してゆけば、まさに「学習はどこででも可能」ということが現実のものになる。もう、大学という「教育の場」は必要がなくなってしまうかも知れない。

さらに今後、技術が発達しインターネットで高精細な映像を配信できるようになれば、ｅラーニングは飛躍的に発展することになるだろう。医学教育における外科手術の様子などは、高精細な映像でなければ伝えられない。また、植物や生物の映像、あるいは顕微鏡で見た映像なども高精細なほど学習には役立つ。古文書などの高精細な映像を配信できるようになれば、文字だけではなく紙についたシミや虫食いの様子などをもリアルに伝えることができ、大きな学習効果をもたらすだろう。また、学習の継続にとって「飽きる」ということは最大の障害となるが、高精細に映し出される様々な映像に驚き「対象を実際に見ている」と感じながら学習することが可能になれば、学習の持続という点でも効果的であろう。学習者にディスプレーの存在を忘れさせ、ディスプレー内のコンテンツにリアリティを感じて学習してもらうためにも高精細な映像は非常に重要である。加えて、近年爆発的な普及を見せた3D立体視技術も、教材のリアリティを伝えることに大きく貢献する。この技術に遠方から操作できる技術を組み合わせれば、外科手術に関する講義にも手術室以外の場所にいながら参加することが可能になるかもしれない。

さらに、個々のニーズに対応した「学び」という視点から見ても、eラーニングの有効性は大きい。「そこの部分の説明をもう一度聞きたい」「ちょっと考える時間がほしい」と思っても、実際の講義では不可能である。先生に対し「もう一度、説明してください」とお願いすることは不可能ではないとしても、かなり困難であることは間違いない。しかし、eラーニングなら「聞きたい部分だけ繰り返して何度も聞くことができる」「一旦停止して自分でじっくり考える時間がとれる」など、自分のペースで学習することが可能である。このように考えると、今後コンピュータやインターネットは「学び」のスタイルを大きく変える可能性をもっている。

◉ｅラーニングによる評価の変化

しかし変化が現れるのは、このような表面的な側面だけではない。もっと「学び」の本質に関わるような変化も徐々に現れてくるだろう。例えば、「学び」の評価は大きく変わってくる。ＩＳＴＵを学内の先生に紹介する場面でしばしば出てくる質問は、「ネットのあちら側で学習している学生が本当に登録している本人なのか確認できるの？」というものだった。さらに、普段の講義は本人が受けていたとしても、テストの時やレポート提出は登録者とは異なる別の誰かが行っているかもしれないという不安も出された。もちろん、コンピュータが自動的に学習者の顔を認識するなど様々な技術的な工夫によって本人であることを確認することはできるかもしれない。しかし、それでも完全ではない。そもそも、そこまでして本人を確認した上で「学んでいただく」必要があるのかという根本的な疑問も生じてくる。

たぶん、ｅラーニングにおいては、カンニングや替え玉受験など、何でもＯＫということを前提としなければやっていけないのだろう。つまり、教育の評価自体、従来とはまったく異なった観点で実施してゆかなければならないのだろう。そして、そこにカンニングや替え玉受験をしたところで学習者にとっては何のメリットもないというような、従来とは異なる「教育」の価値観が生まれる。

同様に、みんながひとつの教室に集まって議論したり討論したりすることも、掲示板やチャット、あるいはツイッター（Twitter）に置き換わってくる。このメディアの変化によって、「議論」や「討論」の意味自体が変化してゆくかもしれない。例えば、相手の存在にリアリティがない場合の議論や討論では、発言にも大きな変化が現れてくるだろう。

いずれにしても、ｅラーニングは、単に従来の学習を情報化ツールで便利にするだけのものではなさそうである。私たちの行動様式、生活スタイル、「学び」のスタイル、そして「学び」の価値観までをも変えてしまうような大きな教育改革なのである。

◉身体性が欠如しているｅラーニング

私は一〇年以上にわたって「東北大学インターネットスクール：ＩＳＴＵ」プロジェクトに関わってきたが、その中で講義を配信しようとしている多くの教授と様々な側面から大学教育に関しての議論を積み重ねてきた。そのなかでしばしば耳にした意見は、「顔を合わせての授業でなければ効果的な学習は無理」というものである。確かに従来、本当に役に立つ講義は教室で教授から直接学ぶものだと考えられてきた。教室という場の雰囲気、教授の生の声、周りの同僚たちのささやき、そしてしばしば起こる予想外のハプニング。その雰囲気の中に我が身をおいてこそ、本当の「学び」は成立する。それに対してｅラーニングは、身体性が欠如したサイバースペースにおける学習であり、リアリティのある効果的な「学び」は期待できない。以上のような意見が、ｅラーニングを実際に行おうとしていた多くの教授から聞かれた。

カリフォルニア大学バークレー校哲学科教授のドレイファス（Dreyfus, H. L.）もｅラーニングを辛辣に批判する（ドレイファス／石原訳 二〇〇二）。ドレイファスによれば、本当の学習は自らの身体を現実の状況に関与させなければ成立することはあり得ない。そして、ｅラーニングの本質的欠点を身体性の欠如としている。ドレイファスは、インターネットにのめり込みサイバースペースで生活することによって失われるかも知れない能力として、次の四つをあげている。

一　物事を理解して、重要なものを重要でないものから区別する能力
二　学習に不可欠な、成功と失敗を真剣に受けとめる感性
三　最大限に世界を把握し、物事のリアリティを感じ取る能力
四　自分の生を意味づけてくれるものの感覚

身体性が欠如しているeラーニングという教育スタイルは結果的に、学習者が置かれている状況や文脈を無視することになる。そのため、本来「学び」の対象がもっているはずの「意味システム」を学ぶことができず、単なる対象の「表象（記号や言語）」を知識と思い込んで学習しているだけなのかもしれない（第4章85ページを参照）。

歴史的に見れば、一九世紀までは「実体論」が私たちの生活を支配していた。つまり、モノはそこにあり、コトはそこで起こっていた。しかし、二〇世紀はテクノロジーやメディアが著しい発展を遂げ、それとともに「記号」が私たちの生活を支配するようになった。私たちは「記号」を獲得することにより「わかったつもり」になることを覚え、「身体によるリアリティ」を失ってしまった。本来、「知識」とは「状況に依存しているもの」である。しかし最近は、ドレイファスも指摘しているように、状況に依存しない情報（＝リアリティのない情報）だけが私たちの周りを取り囲んでいる。その結果、私たちは周りのモノやコトに「自分なりの意味」をまったく見いだせなくなっている。

確かにそれは、これまでの科学が必死になって追い求めてきた客観性にもとづいた「きちんとした知」に他ならない。そして、それらはコンピュータで扱うことが可能な「知」、eラーニングに適した「知」である。

もちろん、このような「知」も私たちにとって必要な「知」ではあるけれど、それだけで十分というものではない。私たちにとって最も重要なことは、このような「知」を自分の生活の中で、あるいは自分の人生の中で「どのように活かすか」についての「知」と能力を身につけることなのである。

さて、そのために私たちは、どうしたらよいのだろう?

以下では、その方策として、日本の「学び」を提案したい。

日本の学びを取り入れる

現代社会の「高度情報化」と「グローバル化」は、表裏一体である。つまり、「記号としての知識が中心の世界」そして「モノやコトが記号化した時代」だからこそ、世界が同じパラダイム(記号=知識・情報)で競争できる。世界中で起こっている出来事がリアルタイムで私たちに届くだけでなく、キーワードを数語指定するだけで最新・最先端の情報や知識を一瞬のうちに手に入れることができる。eラーニングにより、効率よくスピーディに世界中に存在している様々な知識を学ぶことができる。

しかし、私たちはこのままこのような枠組みで大学教育を推し進めていくことが最善の方法なのだろうか？　本書で私は、これまでの大学教育におけるパラダイムを再検討するとともに、今の時代こそ大学教育に日本の「学び」を取り入れる必要があることを強く主張してきた。私は、グローバルな時代において日本文化や日本の「学び」を強く意識することは、世界と対峙する日本の大学教育にとってとても大切なアドバンテージになると考えている。

最後にもう一度、これまでの大学教育について振り返り、日本という「ローカル性」が大学教育にとってもアドバンテージになるということを確認しておこう。

◉「ローカル」というアドバンテージ

戦後の日本社会は、「発展・競争・効率」を中心的な価値尺度としてきた。それは「大学教育」においても例外ではなく、特に高度経済成長期には「発展・競争・効率」がそのまま「大学教育」における評価尺度となってきた。そこには、「世の中には必ず正しい知識あるいは正解というものが存在する」という考え方が前提にあった。そして「正しい知識を簡単なものから複雑なものへ、ひとつひとつ系統的に積み重ねてゆく」という教育が、二〇世紀の工業社会にとって好都合だった。工業社会における日本の学校教育は基本的に近代西洋教育の枠組み、つまり「教え込み型の教育」に基づいていた。そして、経済至上主義や科学技術信仰という現代社会のなかで発展してきた。

さらに、このような考え方は、科学の発展によっても支持されてきた。例えば、二〇世紀後半の脳とコンピュータに関する科学研究は近代教育を強力に支持してきた。一方で人間の脳をモデルとしてコンピュータの開発が飛躍的に進み、一方で最先端のデジタルテクノロジーが脳機能の解明に大きな貢献を果たしてきた。そして、ここでは「きちんとした知識を脳の中に（コンピュータの中に）効率よく蓄積してゆく」という知的スタイルが「科学的」として認知されてきた。賢い人とは、脳の中に多くの知識が蓄積されている人、そして必要なときに効率よく脳の中の知識を検索し取り出すことのできる人、いつしかそのようなイメージが私たちに定着した。そこでは、様々な知識は頭の中でどのように蓄積されているのかという課題の探求や、少しでも効率的に少しでも多くの知識を頭の中に蓄積するためには、どのような教育、あるいは学習が必要なのかという課題が探求されてきた。そして、科学研究の発展にともないどんどん増え続ける情報や知識を、最先端のデジタルテクノロジーを最大に活用することにより、短時間で効率的に頭の中に詰め込んでゆくことが強く求められてきた。

しかしながら現在、日本は大きな転換期にある。様々な社会変化の中で、私たちはこれまで求めてきた「発展・競争・効率」という価値観に疑いをもち始め、これまでの「幸せ」に対する価値観が大きく揺らいでいる。そして、人々は「これまでの政治、経済、そして教育は何か間違っていたのではないのだろうか？」という疑問をもち始めている。

さらに現在は、将来が「予測困難な時代」である。「混迷する時代」と言い換えることもできる。二〇世紀末から二一世紀にかけて、それまで順調に見えた社会システムにおいて様々な歪みが急速に表面化してきた。これまで右肩上がりだった経済的豊かさが崩壊し、企業の雇用形態にも大きな変化が認められる。複雑化する社会システムのなかで人々のストレスは限界にまで達し、様々な悲惨な事件が起こっている。深刻なことには、十年以上にもわたり自殺者の数が三万人を超えていた。さらに、このような日本社会に、東日本大震災や原子力発電所の事故が追い打ちをかける。

そのような今の時代にこそ、私たちはこれまでの「発展・競争・効率」を中心的な価値尺度としてきた「グローバルな価値観」とは異なるパラダイムについて検討しなければならない。そして、私たちにとって大きなアドバンテージとなるのは、日本が千数百年という長い時間をかけて醸成してきた日本文化、日本の「知」、そして日本の「学び」なのである。

◉日本の「知」の特徴

ここで改めて、日本の「知」について認識を深めておこう。

海外の研究者から見ても、日本の文化は西洋のそれとは全く異なる特徴をもっていることがしばしば指摘されてきた。例えばニスベットは、その著書『木を見る西洋人　森を見る東洋人』の中で次のように指摘している。

ヨーロッパ人の思考は、「対象の動きは（それが物体であれ、動物であれ、人間であれ）単純な法則によって理解可能である」との前提の上に成り立っている。西洋人はものごとをカテゴリーに分類することに強い関心をもっている。なぜなら、分類することによって、今問題になっている対象にどの規則を適用すればよいかがわかるからである。また、問題解決に当たっては形式的な論理規則を適用することが有効だと信じている。

これに対して、東アジア人は対象を広い文脈の中で捉える。アジア人にとって、世界は西洋人が思うよりも複雑であり、出来事を理解するためには常に複雑に絡み合った多くの要因に思いを馳せる必要がある。

（ニスベット／村木訳 二〇〇四）

このことを端的に示している例として、二〇〇年の歴史をもつ京都・祇園の京舞井上流には、代々伝えられてきたひとつの言葉があるという。「舞は自分の目で見て覚えるもの」という言葉である。その井上流の五代家元・井上八千代は、祖母である四代家元・八千代が八七歳の時に踊った京舞「虫の音」の映像を見て、興味深いことを言っている。

七〇から後の「虫の音」というのは、動かないですね。五つ歩いたところを三つにするとか、三つも歩かなくなりまして……でも、その一足に、一足出ることによって、私たちはそれが一〇歩あるかないと表現できないところを一歩でできると言うか……そうゆうことがあります。

（ＮＨＫビデオ『祇園・京舞の春―井上八千代　三千子　継承の記録』二〇〇〇）

これらは能の世界にも共通している。表情を出さない演技、しかしその表現はとても豊かであり、観客には無限の情報が伝わってくる。

このような現象には、日本独特の文化的な背景があるのかもしれない。西洋的な文化が、客観的な要素を見つけ出しそれに対するすべてを言葉で表現することを良しとしてきたのに対し、東洋、特に日本の文化では多くを語らないことが尊重されてきた。しかしそのとき、「多くを語らない＝情報を伝えない」のではなく、「多くを語らないからこそ無限の情報が伝わる」ということを重視してきたのである。

ここで、次のような素朴な疑問が生じる。

なぜ、多くを語らないにもかかわらず、無限の情報が伝わるのだろう？

たぶんこの回答は、ニスベットも指摘しているように、私たち日本人は対象を広い文脈の中で捉えるという特質をもっているからだろう。そして、その文脈には「個人的な文脈＝物語性」も含まれている。つまり、私たちは自分の生い立ちや日々の生活の中で培った価値観や思考の枠組みの中でものごとをとらえることを好むという文化をもっている。私たちは、能や日本舞踊を自分が背景にもっている「物語性＝文脈」を通して見たり解釈している。何らかの対象に接するとき、私たちはその背景に日本人特有の物語性を背負ってそれを見ることになる。だからこそ、表情などの情報が少ないにもかかわらず、彼らの気持ちや事情というものを暗黙のうちに察してしまうのである。

◉ｅラーニング時代における「大学再生のシナリオ」

最後に、これまでの検討をふまえて、ｅラーニング時代における「大学再生のシナリオ」を提案しておこう。

まず「きちんとした知」は、大学でも日常生活の中でも必要に応じてWeb上にある無限とも言える知識の中から検索し見つけ出し手に入れることができる。このとき「きちんとした知」とは「正しい知識」という意味ではなく、物事を「表象（記号や言語）」で代用しているものであることは十分認識しておく必要がある。

大学教育の予習・復習での活用はもちろんのこと、何かが「知りたい」という場面に出会ったならば、その都度、Web上から気軽に「きちんとした知」は手に入れることができる。また、「きちんとした知」はeラーニングによってスピーディに、そして効果的に獲得することができる。しかし、このような「学び」は単に「記号」を頭の中に記憶（記録）するだけの「学習」に近い。

それに対し「よいかげんな知」は、大学でも日常生活の中でも対象に能動的・主体的に関わることにより、自分自身の状況（文脈）にあわせて学ぶものである。Webから得た「きちんとした知」をこのような「よいかげんな知」によって再解釈し、自分固有の「意味システム」の中に組み込んでゆく。

特に大学の「教養教育」では、このような「きちんとした知」を「よいかげんな知」を活用しながら自分なりの「意味システム」の中に組み込んでゆくという方法を学び、その能力をつける。また、Webから得た「きちんとした知」が実世界の中で「本当に正しい知であるか」、あるいは「どのような状況で正しいか」を判断するのも「よいかげんな知」の役割が大きい。また、「きちんとした知」をどれだけ有効に活用できるかということ、そして複数の「きちんとした知」を統合し様々な問題解決に役立たせることも「よいかげんな知」の活用能力にかかっている。様々な状況において「何が大切か?」「何を学ぶか?」「どのように学ぶか?」「学んだ知識をどう活かすか?」ということを判断するのも「よいかげんな知」であり、「教養教育」で学ぶべきことのひとつである。

◉さらに前進するために

さて、そのためには、アクティブ・ラーニングやポートフォリオ評価など大学教育における様々な工夫を、もう一歩進めて活用しなければならない。アクティブ・ラーニングは日本の伝統芸能の継承と外見的には類似していたが、伝統芸能において継承されるのが「よいかげんな知」なのに対し、アクティブ・ラーニングで獲得させようとしているのは「きちんとした知」であるという点において異なっていた。アクティブ・ラーニングは、教師からの一方的な知識の伝達を反省し、学習者自らの能動的な活動を通して「主体的な学び」を導こうとしている点は評価に値する。しかし、そこでは多くの場合「きちんとした知」の獲得が想定されているため、教師にとって「想定外の学び」は目標から外れざるを得ない。しかし、本来「主体的な学び」は、教師にとって、あるいは学習者自身にとっても想定外に生じる（つまり「創発」する）ものであり、このような「学び」こそ将来「研究」する能力につながる本来大学教育が目標とすべきものなのである。

さらに重要なことは、このような学習者の「主体的な学び」が普通、個々が置かれている状況によって、あるいは個々が背負っている背景によって、様々な形で起こるという点である。このことは「ポートフォリオ（あるいは「eポートフォリオ」）」を活用してあらゆる学習成果を集積しても「評価」することが本質的に困難であるという事態をもたらす。

以上のことは、私たちが今後アクティブ・ラーニングやポートフォリオ評価、そして「eラーニング」を活用した大学教育を進めるためには、「よいかげんな知」、そして日本の「学び」について検討することが必要不可欠になってくることを意味しているのである。

最後に：日本の「学び」が大学教育を救う

「今という時代を強く意識しながら大学教育を考えてみよう」と思ったのはもちろん、認知科学が「今という時代」を重視しているからに他ならない。認知科学という文理融合型の学問領域では一貫して、研究対象（例えば、「人間」）とそれがおかれている状況や文脈というものとの関係性を重視してきた。そのような私の立場からすれば、高度成長期にあるべき大学教育と現在あるべき大学教育では、当然大きく異なるはずである。「発展・競争・効率」を重視する高度成長期には、大学にも当然、「発展・競争・効率」を重視した教育が必要であった。しかし、社会の状況、世の中のシステム、そして人々の価値観が大きく変わろうとしている現在、大学教育も新しいパラダイムを前提として検討してゆかなければならない。

それでは、「今という時代」はどのような時代なのか？　本書では「今という時代」を、グローバル時代、将来が予測困難な時代、そしてインターネットが空気のような存在になったデジタル時代と認識し、そのことに最大の注意を払いながら大学教育について検討してきた。そこでは認知科学の研究成果に従い、古典的な「学び」、特に日本文化が千数百年にわたって醸成してきた日本の「学び」に着目した。そして、明治以来「近代教育」を標榜してきた大学教育のなかに日本の「学び」を取り入れ活かす意義や方法について検討してきた。

このような検討の試みに対しては当然、「何で今さら古くさい昔の学びを取り入れなければならないのか」という批判が予想される。確かに「千数百年にわたって醸成してきた日本の学び」といってもそれは明治維新以前のことであり、日本の「学び」が教育の第一線から退いてすでに一〇〇年以上の時間が経過している。現在、日本の「学び」が残されている現場は、能や歌舞伎などの伝統芸能や地域で受け継がれている民俗芸能、お茶やお花、お琴などの日本文化、そして伝統工芸など「わざ」の世界に限られている。しかし、ここで私が強く感じることは、このような世界こそグローバル化された世界と差別化できるという意味において、これからの日本再生にとって大きな力を発揮できるのではないかということである。世界中が同じ価値観、同じ評価基準で競争する時代はすでに昔のものになろうとしている。インターネットが世界中に張り巡らされ、どこにいても世界中の情報を瞬時に知ることができるようになったグローバル時代の今だからこそ、「ローカルであること」の価値が見直されるべきである。一方で世界共通の価値観、世界共通の評価基準をしっかり認識したならば、他方で大きなアドバンテージとしてのローカル性、つまり日本独自の価値観や日本独自の評価基準をもつべきである。それは結果的に、高度成長期のような「富を持つこと」や「力をもつこと」が善とされ、それが教育の目標となるような時代から抜け出し、オルタナティブなパラダイムをもつということに他ならない。

大学教育が、日本の教育を牽引してゆかなければならない。同時に、均一化され世界中に広まっているグローバルな「知」とは一線を画した日本の「知」をもって、日本の大学は世界と対峙してゆかなければならない。

日本の「学び」こそが、今という時代の中で「死」に瀕している大学教育を救うのである。

謝辞

ひとりの人間が発揮できる力は状況や環境に大きく依存しているという認知科学の考え方からすれば、私が本書を完成できたのは多くのすばらしい先生や先輩、そして仲間に囲まれていたからに他ならない。私はこれまでリハビリテーション医療、教員養成大学、自閉症児教育、舞台役者養成教育、伝統芸能（特に民俗芸能や茶道）など様々な現場で実に多くの方々から指導をうける機会に恵まれた。ここですべての方々の名前をあげることはできないけれど、本当に多くの方々にお世話になったことを深く感謝している。

私が「大学教育」という現場に導かれたのは十数年前、大学教育にeラーニングを導入するという東北大学の全学的プロジェクトに参加したことがきっかけである。その後、大学院の部局長に選出され、ますます「大学教育」について考えざるを得ない立場になった。このような大きな流れのなかで何とかやってこられたのも多くの方々のご指導・ご支援があったからと深く感謝している。

最後に、「勉強不足ゆえまだまだ大学教育に関してもの申すのは時期尚早」と尻込みする私を様々な形で公の場に引っ張り出してくださっている京都大学の溝上慎一先生、そしてそのような私の荒削りな考え方を書籍という形で公開してくださったナカニシヤ出版の宍倉由高さんに感謝いたします。

二〇一三年三月一一日（東日本大震災から二年、人類にとって非常に重要な意味をもつこの日に）

渡部信一

◆文　献

東　洋　一九九四『日本人のしつけと教育』東京大学出版会

ドレイファス・H・L［著］／石原孝二［訳］　二〇〇二『インターネットについて―哲学的考察』産業図書（Dreyfus, H. L. 2001 *On the internet*. Routledge.）

ベル・G＆ゲメル・J［著］／飯泉恵美子［訳］　二〇一〇『ライフログのすすめ―人生の「すべて」をデジタルに記録する！』早川書房（Bell, G. and Gemmel, J. 2009 *Total recall: How the e-memory revolution will change everything*. Dutton Adult.）

橋田浩一　一九九四『知のエンジニアリング―複雑性の地平』ジャストシステム

生田久美子　一九八七『「わざ」から知る』東京大学出版会

今井康雄　二〇一〇「「学び」に関する哲学的考察の系譜」　渡部信一［編］・佐伯　胖［監修］『「学び」の認知科学事典』大修館書店

レイブ・J＆ウエンガー・E［著］／佐伯　胖［訳］　一九九三『状況に埋め込まれた学習―正統的周辺参加』産業図書（Lave J. and Wenger E. 1991. *Situated learning*. Cambridge University Press.）

マッカーシー・J、ヘイズ・P・J、松原　仁［著］／三浦　謙［訳］　一九九〇『人工知能になぜ哲学が必要か―フレーム問題の発端と展開』哲学書房

松原　仁　一九九九『鉄腕アトムは実現できるか？』河出書房新社

松下佳代　二〇一〇「学びの評価」　渡部信一［編］・佐伯　胖［監修］『「学び」の認知科学事典』大修館書店

松下良平　二〇一〇「学ぶことの二つの系譜」　渡部信一［編］・佐伯　胖［監修］『「学び」の認知科学事典』大修館書店

Mazur, E. 1997 *Peer instruction : A user's manual.* New Jersey : Prentice Hall.
溝上慎一　二〇一二「何を持ってディープラーニングとなるのか?―アクティブラーニングと評価」　第２回河合塾ＦＤセミナー２０１２（二〇一二年一〇月六日）講演資料
森本康彦　二〇一二「eポートフォリオの普及」　小川賀代・小村道昭［編］『大学力を高めるeポートフォリオ』東京電機大学出版局
ＮＨＫビデオ　二〇〇〇『祇園・京舞の春―井上八千代　三千子　継承の記録』
ニスベット・Ｒ・Ｅ［著］／村本由紀子［訳］　二〇〇四『木を見る西洋人　森を見る東洋人』ダイヤモンド社（Nisbett, R. E. 2003 *The geography of thought.* New York: Simon & Schuster.）
岡田美智男　一九九五『口ごもるコンピュータ』共立出版
佐々木正人　一九九四『アフォーダンス―新しい認知の理論』岩波書店
佐伯　胖　一九九三「訳者あとがき―ＬＰＰと教育の間で」　レイブ・Ｊ＆ウエンガー・Ｅ［著］／佐伯胖［訳］『状況に埋め込まれた学習―正統的周辺参加』産業図書
サッチマン・Ｌ・Ａ［著］／佐伯　胖［監訳］　一九九九『プランと状況的行為―人間‐機械コミュニケーションの可能性』産業図書（Suchman, L. A. 1987 *Plans and stiuated actioons.* Cambrige University Press.）
高木光太郎　一九九六「実践の認知的所産」　波多野誼余夫［編］『認知心理学５　学習と発達』東京大学出版会
田近伸和　二〇〇一『未来のアトム』アスキー
武邑光裕　二〇〇三『記憶のゆくたて―デジタル・アーカイブの文化経済』東京大学出版会
舘　昭　二〇一二「「研究」を組み込んでこそ大学での学び―教育国際分類（ISCED）2011年版の示唆するもの」　ＩＤＥ大学協会『現代の高等教育』Vol. 543.
辻本雅史　一九九九『「学び」の復権―模倣と習熟』角川書店

梅田望夫・飯吉　透　二〇一〇『ウェブで学ぶ―オープンエデュケーションと知の革命』筑摩書房
渡部信一　二〇一〇「「学び」探求の俯瞰図」　渡部信一［編］／佐伯　胖［監修］『「学び」の認知科学事典』大修館書店
渡部信一　二〇〇五『ロボット化する子どもたち―「学び」の認知科学』大修館書店
渡部信一［編著］二〇〇七『日本の「わざ」をデジタルで伝える』大修館書店
渡部信一　二〇一二『超デジタル時代の「学び」―よいかげんな知の復権をめざして』新曜社
吉見俊哉　二〇一一『大学とは何か』岩波書店

人名索引

な　行

は　行

ま　行

さ　行

た　行

事項索引

著者紹介

渡部信一（わたべ　しんいち）

1957年仙台市生まれ。東北大学教育学部卒業。東北大学大学院教育学研究科博士課程前期修了。博士（教育学）。東北大学大学院教育学研究科助教授などを経て，現在，東北大学大学院教育情報学研究部教授。

主な著書に，『鉄腕アトムと晋平君―ロボット研究の進化と自閉症児の発達―』（ミネルヴァ書房），『ロボット化する子どもたち―「学び」の認知科学―』（大修館書店），『超デジタル時代の「学び」―よいかげんな知の復権をめざして―』（新曜社），編著書に『日本の「わざ」をデジタルで伝える』（大修館書店），『「学び」の認知科学事典』（大修館書店）などがある。

ホームページ　http://www.ei.tohoku.ac.jp/watabe/

日本の「学び」と大学教育

2013年9月30日　初版第一刷発行　（定価はカヴァーに表示してあります）

著　者　渡部信一
発行者　中西健夫
発行所　株式会社ナカニシヤ出版
〒606-8161　京都市左京区一乗寺木ノ本町15番地
Telephone　075-723-0111
Facsimile　075-723-0095
Website　http://www.nakanishiya.co.jp/
E-mail　iihon-ippai@nakanishiya.co.jp
郵便振替　01030-0-13128

装幀＝白沢　正／印刷・製本＝ファインワークス

ISBN978-4-7795-0776-2